O Último Papa

Lançamento 2012, com nova ortografia
Capa Andrey Lamberty

T814u Trevisan Lauro
O Último Papa / Lauro Trevisan – 2. ed. – Santa
Maria : Editora da Mente, 2013.

224 p.

ISBN: 978-85-7151-067-8

1. Literatura 2. Ficção 3. Religião I. Título

CDU : 821.134.3(81)-312.2

Ficha elaborada por Eunice de Olivera, CRB 10 -1491

EDITORA DA MENTE

Editora e Distribuidora da Mente
Caixa postal 559 – cep: 97015-663
Santa Maria, RS, Brasil
Fone: (0xx55) 3223.0202
Fax: (0xx55) 3221.7184
E-mail: mente@editoradamente.com.br
Autor: laurotr@uol.com.br
Site:www.editoradamente.com.br

Lauro Trevisan

O último Papa

2ª Edição

Editora da Mente – Santa Maria/RS/Brasil
2013

***

Os segredos do conclave

*F*umaça preta. O grito de frustração invadiu a grande Praça de São Pedro e o povo mais uma vez se dispersou enquanto o grumo negro traçava timidamente arabescos indecifráveis sobre o telhado do Vaticano.

Na capela Sistina, as confabulações se exacerbavam. O cardeal Roschilder, alemão, da corrente ferrenhamente ortodoxa, não alcançara maioria. O competidor mais próximo, cardeal Milovani, italiano, também sofrera relativo revés, comentava-se nos bastidores que devido ao seu estilo autoritário.

Nas confabulações, surgiam nomes que representavam o espírito liberal, ou o fortalecimento da Cúria, ou, ainda, uma maior aproximação com as bases católicas. O cardeal Vigoratti era benquisto por sua bondade e santidade, mas não decolava. A certa altura, houve um surto de votos para um cardeal de grande carisma midiático, estilo parecido com o do Karol Wojtyla.

As votações se sucediam, uns subindo de cotação, outros descendo, mas todos longe dos votos exigidos.

Três dias são passados, sempre fumaça preta. Uma certa inquietação já domina o ambiente da Sistina. Os votantes mais idosos ressentem-se do cansaço. A impaciência toma conta dos 200 cardeais, já que não é vislumbrado qualquer prognóstico de solução a curto prazo. Ao invés de serenarem-se os ânimos, pairam no ar ressaibos de radicalismo de posições. Até o Cristo de Michelangelo, lá da parede do altar, ergue o braço como a pedir que escolham de uma vez o novo Papa.

***

No intervalo daquela manhã de terça-feira, conversavam reservadamente os cardeais Natan, da África do Sul, e Giusepe Rizzi, da Itália.

- Pelo jeito, a indecisão vai longe – comenta Natan, com leves batidas no ombro de Rizzi.

- O consenso está difícil. Várias correntes permeiam o pensamento geral: os conservadores, avessos a qualquer mudança; os que querem que o Papa fortaleça sua autoridade na Igreja; os que apregoam a necessidade urgente de reformas; e, ainda, os moderados, que não avançam nem para um lado nem para outro. O grupo ultraconservador não suporta que se fale em reforma da Igreja, agarrados ao medo da autodissolução.

No espaço reservado ao cafezinho, a discussão tornara-se mais acesa.

Milovani e Adalberto Pereira, do Brasil, não encontravam pontos comuns.

- A Igreja vai mal, não por causa de desatualização, mas pela falta de pastoral e idealismo – dizia Milovani.

Adalberto sacudiu a cabeça demonstrando divergência:

- Penso um pouco diferente. A perda de terreno da Igreja Católica para outras denominações parece situar-se na dificuldade de o magistério eclesiástico falar para o mundo de hoje. Muitos são católicos, até continuam católicos, mas frequentam outros cultos, onde dizem encontrar a palavra que buscam para superar as aflições da vida.

- Sim – tentou concordar Milovani – mas não se pode dobrar a Igreja ao sabor do vento, como caniço do deserto - para usar uma expressão de Jesus. O vento sopra onde quer, mas a Igreja será a eterna rocha de Pedro. Ela deve permanecer firme, como farol que resiste às tempestades. E, como farol, há de seguir iluminando a escuridão e a apontar o caminho.

Adalberto reagiu:

- Essa verdade tem sido, por isso mesmo, a causa da defasagem do catolicismo, pois, firmando-se na rocha de Pedro, acaba fixada ao passado da Idade Média. O mundo evolui, a vida evolui, os anseios e necessidades humanas são outros. Respostas erradas a perguntas certas não levam a nada e são contraproducentes. Ficar pregando Santíssima Trindade e sexo dos anjos, para usar uma brincadeira, não responde às inquietações da humanidade do terceiro milênio.

O cardeal Milovani, ressentido das palavras de Adalberto, observou:

- Justamente o papel do Papa, do novo Papa, é preservar a doutrina, manter o barco na rota, mesmo em meio às tempestades, e continuar firme na tradição, ainda que a humanidade derive para outras margens. Para os apressados, fica aquela frase da sabedoria: "Laedere facile, mederi difficile". É mais fácil rasgar do que costurar.

— Não pode, no entanto, ficar pregando aos peixes – observou Adalberto. - O ser humano está aí, é real, vive as aflições e dificuldades do seu dia a dia, e, pelo jeito, não vem encontrando sintonia no Jesus que hoje lhe é oferecido. Entra na igreja e sai da igreja apenas com o sabor de ter cumprido uma obrigação, quando não com o peso da culpa no coração. Penso que precisamos mudar. Novos ventos. Novos rumos. Nova luz.

- Não seria isso afundar-se nos modismos de

hoje? – inquiriu um tanto desassossegado o cardeal Milovani.

Mais uma chamada para votação e os dois foram aos seus assentos.

Já lá estavam a postos os três cardeais escrutinadores e, em mesa ao lado, os três cardeais revisores. Junto ao altar-mor, o vaso de vidro e a bandeja de prata aguardando os votos.

É chamado o cardeal mais idoso, que recebe o boletim, ou seja, um papel retangular com a inscrição: Éligo in summum pontíficem, (Elejo para Sumo Pontífice). O velho cardeal, de 79 anos, coloca os óculos e debruça-se para escrever, no espaço em branco, com letras claras, maiúsculas e impessoais, conforme a determinação oficial, o nome escolhido. Dobra o papel ao meio e, com este na mão, diz. "É aquele que em Deus eu acho que deve ser eleito"; então, deposita o papel na bandeja de prata. A seguir, ergue a bandeja ao nível do vaso de vidro e faz o voto cair dentro do mesmo. Assim, nesse ritual, vão se sucedendo os votantes.

Finalizada a votação secreta, expectativa ansiosa, apuração pública criteriosa.

Novamente, não há dois terços de votos para um candidato.

São recolhidos os papéis dos votos, mais os rascunhos dos cardeais, feitos para aquela eleição, e jogados na estufa da Capela Sistina, onde são queimados juntamente com um composto químico que produz fumaça preta.

O cardeal Camerlengo toma a palavra:

- Já são passados três dias sem homologação de um nome. Conforme prescrição, sugiro que amanhã seja um dia de pausa para oração e livre colóquio entre os cardeais eleitores.

O quarto dia esvaziou o povo curioso e ansioso da Praça de São Pedro.

Os cardeais se recolheram aos seus quartos, oraram e mantiveram prolongadas conversas entre si, na busca de conciliação de ideias e de nome.

Nada prometia ser fácil.

- Qual o perfil do novo Papa? – perguntavam-se os eleitores.

- Quem poderia salvar a Igreja do naufrágio? – afligiam-se os mais dramáticos e pessimistas.

- Quem terá robustez segura e visão crística para ser a palavra de Luz diante de uma nova história humana?

- Que tipo de Papa poderia dirigir o barco de Pedro no mar da humanidade, que se perde em guerras, terrorismos, lutas fraternas, igrejas vazias?

Ao final do dia, o Decano convidou, para presidir a santa missa, um desconhecido cardeal da Galileia.

- Vossa Eminência, que é da Galileia, onde Jesus mais viveu, ensinou e fez o bem às pessoas, vai presidir a celebração de hoje – avisou o Camerlengo a um desconhecido cardeal.

O desconhecido Galileu

Com humildade e simplicidade, o cardeal Galileu, como era chamado, deu início à celebração.

Feitas as primeiras preces rituais - o evangelho. Este sempre é esperado com expectativa, pois, da palavra do Cristo, poderia surgir uma luz para o momento da Igreja. Além do mais, a homilia afloraria o pensamento do celebrante. Talvez ele tivesse a coragem de oferecer algo que acelerasse a eleição do novo Papa. Poucos, porém, supunham tanto do inexpressivo oficiante. Alguns preferiam contemplar as obras de Michelangelo no teto da capela do que levar fé no Galileu. Os profetas e sibilas do teto pareciam anunciar, lá de cima, quem seria o Papa. Adão e Eva jaziam mais interessados em dar início à humanidade do que importar-se com o que acontecia embaixo.

Lido o evangelho, o Galileu sorriu, pediu que não levassem muito a sério suas palavras, pois havia aí homens mais sábios, mais filósofos, mais teólogos, mais exegetas e bem mais ascetas. No entanto, sentia-se muito contente pela escolha privilegiada de trazer o Cristo para o altar, nessa celebração. Passou então a sugerir que essa missa fosse uma conversa direta com Jesus, clamando-o para que inspirasse o conclave a colocar nas urnas a sua santa vontade:

- Ele prometeu estar conosco todos os dias até a consumação dos séculos, principalmente quando se renovasse o acontecimento da eucaristia, e certamente está conosco aqui e agora. E nós o vemos com os olhos da fé.

Os cardeais se acomodaram melhor nas poltronas vermelhas, atentos às palavras que ouviam. Alguns, com olhos de simpatia; outros, disfarçando soslaios irônicos; outros, ainda, tomados de curiosidade; e a maioria desejosa de que algo de bom e proveitoso para o momento nascesse das palavras do oficiante. Havia até os mais cansados, que apenas cumpriam o ritual da presença.

O Galileu continuou:

"Eu sou da terra de Jesus. Faz mais de dois mil anos que nossa gente, nosso mar, nossos montes, nossos vales, puderam vê-lo face a face. Já lá vão dois milênios que ele desceu do Infinito, e agora eu vos convido a subirmos esses dois mil anos para estarmos com ele, vê-lo de perto, e ouvir sua voz.

Que poderá estar querendo dizer agora a cada um de nós, em particular, nosso amado Mestre? Estará ele preocupado com a doutrina, com as leis da Igreja, com o futuro do Vaticano, com a pastoral de conquista, com a recuperação do terreno perdido e com o avanço do catolicismo pelo mundo, ou estará querendo que voltemos às origens, ao mandato do amor como síntese da lei e dos profetas? Estou procurando escutar a sua voz e vejo que me fala de amor".

- Pronto – reagiu intimamente Roschilder – já vem ele com piedosismo, num mundo que desanda em ideologias heréticas e ateias!

Galileu fez pequena pausa, enquanto olhava singelamente para a assembleia.

E prosseguiu, com a calma de um pescador de Betsaida:

"O mundo está saturado de regras, está me dizendo Jesus, precisa de amor. Tentaram impor o amor com decretos, obrigações, bulas e encíclicas, mas amor é sentimento universal, regras são racionalidades do intelecto. Amor é compaixão e misericórdia, regras são imposições autoritárias. Amor é respeito às diversidades, regra é caminho de via única".

A essas palavras, minúsculos gestos de aprovação e desaprovação flutuaram sutilmente sobre a onda vermelha dos mantos cardinalícios.

O cardeal Galileu, paramentado conforme os rígidos padrões da liturgia, continuou, com a serenidade de um pastor sentado junto das ovelhas a contemplar a campina viridente:

"A ciência está avançando como nunca em conquistas tecnológicas, ideologias sociais, políticas e econômicas, mas a humanidade continua na sombra. A paz, o amor, a felicidade, a fraternidade, são ameaçados a cada dia por legiões violentas e inescrupulosas, cujo coração ressequido despreza a vida e vilipendia o próximo.

O intelecto teológico vem tentando semear mensagens escritas e televisivas, mas o povo caminha alheio a tais elucubrações, concentrado apenas na sobrevivência e no afortunamento.

Jesus fala do reino de Deus e nós falamos do reino da Igreja, que significa frequência aos templos, certidão de batismo, pertença às esferas paroquiais e diocesanas.

O Mestre fala de um reino de amor, de fraternidade, de abundância para todos, de paz, de compreensão entre os povos e de tolerância entre as crenças, e nós falamos de quê?

O mundo precisa de amor, as almas clamam por quem as ouça. As pessoas buscam o alimento da felicidade, e muitos de nós oferecemos apenas resignações e sacrifícios.

Há imensos vazios de Deus nos grandes centros e às vezes tolhemos a presença dos que querem ajudar a construir um mundo melhor, por não serem dos nossos. E Jesus está dizendo: "Quem não é contra vós é por vós!"

Nesse ponto, Milovani, o cardeal de vezo autoritário, remexeu-se na poltrona e murmurou:

- Está na hora de terminar essa lengalenga.

O celebrante prosseguiu, seguro de si, mesmo sentindo alguma energia pesada no ambiente:

"Sinto que o Nazareno está me sussurrando: Quereis difundir a minha mensagem a um mundo cada vez mais alheio a Deus, mas rejeitais e discriminais tantos que me carregam no coração e desejam levar amor aos abandonados, aos sofredores, aos desiludidos, estressados e deprimidos.

Quereis abarcar o mundo só com duas mãos, quando há milhões de mãos que anseiam fazer parte dessa missão.

Quereis privilegiar apenas o obelisco da fé vaticana e esqueceis os bons samaritanos que também fazem o bem ao próximo e são dignos de pertencer ao mesmo convívio".

Galileu sentiu que estava na hora de recolher as velas e concluiu:

"Meus irmãos, sou filho de pescador de Betsaida e acabei me tornando simples pescador de almas. Minha palavra tem o limite da dimensão da mente, mas meu coração voa nos sonhos de uma nova humanidade do terceiro milênio".

Depois de breve pausa, o Galileu inclinou a cabeça e orou em voz alta:

"Meu divino Jesus, entregamos ao vosso amor e sabedoria a escolha do seu novo representante na terra. Fazei de cada um de nós portador do vosso desejo. Amém".

***

Após o café matinal do quinto dia, os cardeais recolheram-se aos seus aposentos, aguardando a próxima chamada.

As palavras do Galileu foram simpáticas a muitos cardeais, principalmente àqueles que ansiavam por um aggiornamento da Igreja.

Aqui e ali se viam prelados comentando acirradamente a homilia, entendendo que os conceitos eram perigosos para a unidade da Igreja. Como poderia haver um só rebanho e um só pastor se cada um agisse por inspiração do seu Espírito Santo particular? Como pode o amor, um conceito difuso e de variadas interpretações, manter a autoridade da Igreja? Como o cristão poderá saber o caminho se não lhe apresentarmos as regras e os decretos determinantes?

Às dez horas, mais uma votação. Um por um, chamando intimamente Jesus Cristo como testemunha e juiz do seu voto, foram depositando o papel com o nome do candidato no vaso de vidro.

Lidos e contados os votos em voz alta, para surpresa geral o Galileu obteve expressiva votação, longe do total necessário, mas uma novidade considerável na história daquele conclave.

A fumaça preta novamente tingiu os ares do Vaticano, mas o povo permaneceu na praça, à espera da segunda votação.

Murmúrios de boas perspectivas ondularam pela Capela tingida de mantos avermelhados, ficando o assunto por conta dos votos ao Galileu.

O Juízo Final de Michelangelo, na parede do altar, apreciava impassível os fatos da sala.

Na seguinte votação, a cotação do Galileu de Betsaida subiu mais ainda, indicativo de que, sem outras surpresas, estaria iminente a escolha do representante da Galileia.

Lá fora, o povo se dispersou.

A profecia de Malaquias

Após o almoço, o veterano cardeal Malaquias, cujos pais colheram o nome do grande santo irlandês Malaquias, famoso por suas visões, profecias e milagres, debruçou-se sobre velhos volumes que contavam as profecias papais do conterrâneo. Colocou os óculos de aro grosso e foi lendo que Malaquias nasceu em Armagh, Irlanda, em 1094, batizado como Maelmhaedhoc, nome latinizado para Malaquias. Ordenado sacerdote em 1.119, cinco anos depois era sagrado bispo de Condor e, posteriormente, arcebispo de Armagh, em 1.132. A escalada na hierarquia deveu-se principalmente à sua humildade e dedicação, embora fosse formado em Filosofia e Teologia. Visitando o mosteiro de Clarveaux, tornou-se amigo de São Bernardo, tendo morrido em seus braços, quando da segunda viagem a Roma, ao chegar doente no Mosteiro de Bernardo. Foi canonizado por Clemente III em 1.199 e sua festa é celebrada em 3 de novembro.

Mas o que mais interessava ao velho cardeal irlandês era consultar seu patrono a respeito das profecias papais. O cardeal apreciava aprofundar-se nos arcanos da história e desvendar a mente e os escritos de homens como Nostradamus e Malaquias, além de outros santos visionários. Sofregamente, percorreu a mais famosa das profecias sobre os Papas. Ela é composta de lemas para cada um dos 112 Papas, desde Celestino II, eleito em 1.130, até o último. Sabia ele que esses "lemas" descritivos dos Papas podiam se referir a um símbolo do país de origem, ou ao nome do candidato, ou ao seu escudo e armas, assim como ao talento ou a qualquer outra coisa significativa. Por exemplo, o lema de Urbano VIII era "Lilium et Rosa"; Era de Florença, Itália, cujo escudo tem uma flor-de-lis.

Malaquias, o cardeal, reconhecia que não convinha dar demasiada credibilidade a essas profecias, mas a curiosidade o atiçava nesse momento. Era-lhe uma espécie de divertimento e passatempo. Ele mesmo já não podia votar, uma vez que passara dos 80 anos. Mesmo como mero assistente, fizera questão de se fazer presente ao conclave, talvez o último de sua longa carreira eclesiástica.

Segundo seus cálculos, baseados em São Malaquias, teve pressentimento de que o próximo papa seria Pedro. Pedro?! O nome vergastou sua memória. Parou de ler e seu olhar entrou a vaguear para além da janela do aposento. Pequenas e lépidas nuvens brancas perambulavam à toa sobre a colina do Vaticano, iluminando seu pensamento. Às vezes, alongava o olhar pelo céu azul, mas seus pensamentos jaziam imersos nas profundezas do coração. O número 112 dançava na sua mente. Como poderia São Malaquias estancar no 112? Existiria um Petrus Romanus ou tudo não passava de lenda? Brincou com a numerologia: 112 equivale a 1+1+2=4. Quem está sob a regência do 4 estaria vinculado aos quatro cantos da terra e aos cuidados dos quatro elementos – água, terra, ar e fogo - o que significaria responsabilidade sobre o meio ambiente. No campo místico e sagrado, o quatro lhe lembrava os quatro cantos da cruz, que poderia ser interpretado pela necessidade de levar Jesus à humanidade. Veio-lhe à mente o nome Galileu e somou as letras, dando-lhe o número sete; em seguida, somou as letras do nome e sobrenome do Galileu - Thiago de Betsaida - e colheu o número 16, cuja soma de 1 mais 6 daria também sete. Para o cardeal veterano, sete era número especial, de supremo significado e valor. Seria a junção do três da Trindade, ou do céu, com o quatro da Terra. Ora, pensou ele, junção do três com o quatro, pode expressar a união entre o Céu e a Terra. Quando lhe acudiu à mente os sete dias da criação do mundo, sorriu com o pensamento de que todos somos obra do Criador e essa é uma missão do Sumo Pontífice. Tentou contar as letras de Petrus Romanus e somou 13. Sorriu, pois 3+1= quatro.

- O que teria a ver com o Petrus Romanus de São Malaquias esse homem de Betsaida, cardeal da Galileia, terra de Jesus?

O irlandês tinha fascínio por elucubrações fantásticas e deixava-se levar por ondas visionárias, quiçá sentindo-se herdeiro das visões e profecias do seu compatriota homônimo. Não, não se arrogava a tanto. A velhice lhe colocara o juízo no lugar devido. A longa trajetória de estudos e experiências o deixara mais contido. Mas, gostava dessas brincadeiras.

***

Quando o cardeal Camerlengo deu sinal para a reunião da votação da tarde, Malaquias aprumou-se, empunhou a bengala de filetes doirados, e tomou o ônibus que conduzia os cardeais mais idosos, desde a Casa Santa Marta, onde se hospedavam, até a capela Sistina, percorrendo a via por trás da igreja de São Pedro. Os mais novos faziam o trajeto a pé, por dentro da igreja.

A Casa Santa Marta era um abrigo criado pelo Papa Leão XIII, em 1891, para assistência a doentes da cincunvizinhança, prestando grande serviço durante a epidemia da cólera e, na segunda guerra mundial, também abrigando refugiados judeus e embaixadores de países que tinham rompido relações com a Itália. João Paulo II a reformou em 1996 para tornar-se alojamento dos cardeais em dias de conclave e para hospedagem de prelados em passagem por Roma. A casa dispõe de 106 suites e 22 habitações simples. A administração está a cargo das Filhas da Caridade de São Vicente de Paulo.

No corredor de acesso, encontrou-se com o cardeal primaz da Groenlândia, com quem trocou palavras amáveis.

Feita a chamada e a contagem, deu-se início a mais uma votação.

Um bilhão de católicos estavam nas mãos de cerca de 200 cardeais, vindos de todas as partes do mundo. Todos sabiam da responsabilidade e da irreparação de qualquer equívoco, embora tivessem a certeza da assistência de Jesus e do Espírito Santo ao investido da tiara papal. Mas a história colocava um pouco de água fria nessa tese, pois na dinastia dos Sumos Pontífices houve alguns que não corresponderam à altura. Tais episódios, no entanto, apenas significavam que a Igreja é santa e pecadora, divina e humana, cabeça no infinito e pés no chão.

Havia uma certa leveza na conduta dos eleitores, o que demonstrava que o caminho estava se abrindo.

A apuração deu novo alento ao Galileu, mas não chegou aos dois terços exigidos. O resultado iluminou o rosto já cansado dos cardeais, ficando-lhes a certeza de que a próxima votação, minutos após, atrairia novos adeptos ao purpurado da terra de Jesus.

E foi o que aconteceu. O Galileu ultrapassou tranquilamente os dois terços e o cardeal Camerlengo bateu o martelo e anunciou o candidato eleito.

O Galileu titubeia

O Galileu derramou algumas lágrimas e se inclinou humilde e reverente diante dos cardeais. Não pôde ver o sorriso feliz de uns, a preocupação de outros, a frustração de um grupo, e os cenhos crispados do esquadrão radical.

De acordo com o ritual, o cardeal Decano levantou-se e, em nome do colégio de eleitores, dirigiu ao eleito a tradicional pergunta:

- Reverendíssimo Cardeal, aceitas a tua eleição canônica como Sumo Pontífice?

O Galileu, um tanto pálido, turbilhões de dúvidas pululando na mente, silenciou por instantes. Por fim, pediu algum tempo para pensar.

Fcita a concordância, retirou-se para uma sala contígua e permaneceu solitário, quase esmagado pelo peso da resposta.

Atrás de si, um quadro de Pedro com as chaves da Igreja na mão.

Devia aceitar? Estaria à altura da missão? Conseguiria conduzir o barco nesse momento crucial da Igreja?

Mais de sete bilhões de seres humanos...

Uma Igreja pesada num mundo em rápida evolução...

A humanidade ainda nas trevas do egoísmo material...

A burocracia eclesiástica ...

Que seria ele no meio dessa turbulência universal?

Que tamanho teria sua voz no teatro imenso do mundo?

Fechou os olhos. Mergulhou no secreto de si mesmo e pôde assistir, de relance, o filme da sua vida, suas origens, o Mar da Galileia, a primeira vez que ouvira falar de Jesus, a vontade de seguir as pegadas do Mestre, a jovem Míriam, namorada que um dia ficara chorosa à margem do Lago... Agora, mais uma decisão tão pesada quanto o mundo. Por que ele, tão pequeno, tão singelo, teria que ser luz para a humanidade? Não havia tantos cardeais cultos, lúcidos, eminentes, em melhores condições de serem o porta-voz de Jesus no mundo? Não seria orgulho tamanha pretensão? E se levasse o barco a soçobrar? Teve vontade de orar como Jesus, no Getsêmani: "Pai, se possível, afasta de mim esse cálice!" Então, seu sentimento imergiu das profundezas do coração e buscou o amparo do Pai. Orou. Invocou o Cristo. Responsabilizou-o pela promessa de sua assistência. Pediu resposta ao Espírito Santo, detentor da Sabedoria divina. De repente, o sol brilhou nas esferas da alma, uma felicidade insólita inundou seu íntimo, e sentiu seu coração levantar a voz: - Sim!

Aceito! Sou Pedro II

*D*e retorno à assembleia, inclinou-se para seus irmãos, alinhados simetricamente em suas poltronas forradas de tecido carmesim. Seus olhos obscureceram de súbito e ele viu a humanidade concentrada diante de si, de braços abertos.

Ergueu a cabeça, tomou o timão do barco, e manifestou-se com segurança:

- Sim. Aceito, em nome do Senhor.

Uma agradável salva de palmas rompeu o silêncio da capela Sistina.

O Decano novamente tomou a palavra:

- Como queres ser chamado?

O Galileu lembrou sua origem, a história dos antepassados, e respondeu:

- Pedro II.

A surpresa foi geral. O nome caiu sobre os cardeais com o peso de uma montanha avassaladora. Inimaginável. Suprema ousadia. Não seria arrogância continuar a dinastia do primeiro Papa, coisa que nenhum antecessor sentira-se digno?

O costume de adotar novo nome data do ano 533, quando foi eleito um tal de Mercúrio. Por considerar nome pagão, substituiu-o por João II. Antes de João II, os Papas subiam à cátedra com o próprio nome de batismo.

O bloco opositor sentia-se cada vez mais contrariado e não escondia sinais de desagrado.

Em seguida, o Camerlengo colocou no dedo do Papa o tradicional anel de pescador, anel de ouro com a imagem de Pedro pescando no Mar da Galileia, e os cardeais lhe prestaram obediência.

Conduzido à capela Paulina, com o alfaiate oficial, Pedro II vestiu a batina branca papal e os paramentos oficiais para a cerimônia da bênção urbi et orbi, a ser realizada na loggia da igreja de São Pedro.

Na capela, Pedro II não pôde deixar de lançar

o olhar sobre a grandiosa pintura de Michelangelo retratando a Conversão de São Paulo. Desejou estar no lugar de Paulo para receber aquele vigoroso jato de luz partindo de um Cristo impetuoso.

Esta capela tem servido, em tempos idos, para o conclave que elegia os Papas. A pedido de Paulo III, Michelangelo pintou a crucificação de São Pedro, como se vê, de cabeça para baixo.

Enquanto isso, os boletins dos votos, mais todos os rascunhos dos cardeais, referentes aos apontamentos sobre a votação, foram levados ao fogo aceso da Capela Sistina, dessa vez sem químicos, e a fumaça branca, brincando de nuvem sobre a chaminé do Vaticano, fez o povo aplaudir com entusiasmo a eleição do novo Papa.

- Quem é ele? Quem é ele? Quem é ele?

As perguntas corriam de boca em boca. Em pouco tempo, multidões foram se aglomerando na praça.

Minutos antes da apresentação ao público para a bênção urbi et orbi, o cardeal Diácono chegou à janela tradicional da galeria da igreja de São Pedro, fronteira à Praça, e anunciou oficialmente:

- Annuntio vobis gaudium magnum: Habemus Papam.

Uma gritaria ensurdecedora explodiu lá embaixo.

Com a boca grudada no microfone, o Camerlengo declarou pausadamente:

- Cardeal da Galileia, Thiago de Betsaida, é o novo Papa, que escolheu para si o nome de Pedro II.

Nova onda mais explosiva ainda de aplausos, assobios e vivas.

Pouco depois, chegou à loggia da igreja de São Pedro, em procissão precedida pelos cardeais diáconos e cardeais autoridades do Vaticano, o novo Papa, revestido de paramentos solenes: batina branca, a capa especial, símbolo da dignidade pontifícia, sobrepeliz finamente decorada, estola larga com insígnias eclesiais, e o cajado dourado de pastor das almas e chefe de Igreja.

Uma tempestade de aplausos delirantes saudou o Papa, que assomava pela primeira vez na tradicional janela das bênçãos urbi et orbe.

A curiosidade geral era incontida. O nome não estava na lista dos papáveis. Perguntas sem fim giravam frenéticas na cabeça da multidão: Quem será, o que será, que linha tomará, o que fará, que visão terá da Igreja e do mundo?

Pedro II acenou para o povo, esperou o silêncio necessário, e falou com voz que lhe traía a emoção do momento:

"Queridos irmãos e irmãs. Antes de tudo, agradeço humildemente a Deus o dom que me concedeu através da bondade dos eminentes cardeais. Agradeço as orações da cristandade para que o Cristo e o divino Espírito Santo inspirassem esse conclave.

Creio firmemente que o Senhor Jesus me acompanhará passo a passo, como tem prometido. Precisamos juntos iniciar uma caminhada cheia de fé e entusiasmo, para a construção de um mundo melhor. Todos são convidados. Todos. Cardeais, bispos, sacerdotes em exercício e os que partiram para outro modo de vida, religiosos e religiosas, pessoas cultas e simples, abastados e pobres, povos e nações, governantes e governados, líderes e membros de todas as denominações cristãs e não-cristãs, sintamos e vivamos o anelo comum de vivermos num mundo de amor.

A humanidade anseia pela paz e pela fraternidade universal, e espero que me ajudem a construirmos esse reino tão sonhado por Jesus.

Sabemos que todos somos irmãos e que esse planeta é nossa casa comum, por isso esqueçamos a violência, a violação dos direitos da cada ser humano, a prepotência, o materialismo desenfreado e injusto, o abandono dos sofredores e necessitados, e comecemos o reino dos céus aqui nesse nosso abençoado planeta".

A cada frase, o povo comemorava com aplausos ruidosos.

O cardeal presidente assumiu o microfone:

- Sua Santidade o Papa Pedro II, conforme a tradição, dará agora a Bênção Urbi et Orbe.

Bênção Urbi et Orbe significa benção à cidade de Roma e ao mundo, usualmente dada pelo Papa no Natal, na Páscoa e na eleição do Sumo Pontífice.

Por fim, o novo Papa deu a bênção, erguendo os braços aos céus:

- Que os Santos Apóstolos Pedro e Paulo, em cujo poder e autoridade temos confiança, intercedam por nós junto ao Senhor.

R / Amém.

- Que, por meio das orações e dos méritos da Santíssima Virgem Maria, de São Miguel Arcanjo, de São João Batista, dos Santos Apóstolos Pedro e Paulo e de todos os santos, Deus todo-poderoso tenha misericórdia de vós, perdoe os vossos males, erros e pecados, e vos conduza à vida eterna em Jesus Cristo.

R / Amém.

- Deus, Pai de amor e misericórdia; divino Mestre Jesus Cristo, nosso caminho, nossa verdade e vida; Santa Mãe de Jesus, todos os santos e anjos; meus amados conterrâneos de Betsaida: São Pedro, Santo André, São João e São Felipe - derramem grande e forte bênção sobre todos vós, sobre a Igreja, sobre a cristandade, sobre todos os povos e nações, em nome do Pai e do Filho e do Espírito Santo.

O povo berrou:

- Amém.

Muitas palmas e manifestações de júbilo, enquanto Pedro II se retirava ao som do Hino Pontifício composto por Gounod e sob o badalar dos sinos de todas as igrejas.

***

A notícia já corria nas manchetes dos jornais, rádios e televisões do mundo. As janelas das redes sociais da internet expandiam o fato.

Ceia com os cardeais

Cercado pelas mais eminentes autoridades vaticanas, o Papa Pedro II parou sorridente, no corredor. O peso do momento histórico havia se diluído como por encanto.

Voltou-se para os cardeais:

- Quero oferecer, nesta noite, um jantar de confraternização a todos os cardeais.

- Mas, Santidade – lembrou respeitosamente o cardeal Decano – isto nunca aconteceu na história do papado.

- Melhor ainda - sorriu Pedro II. – É bom inovar.

- Talvez possa ser mal interpretado pelo mundo – ponderou o cardeal Joseph Lotinski – preocupado com a repercussão internacional.

- Se não repercutiu mal a festa das Bodas de Caná, também agora será bem recebido o evento, que mostrará o carinho que tenho pelos meus cardeais – brincou Pedro II.

***

Os cardeais apreciaram a ideia e o convite. Era um belo momento de aproximação com o Chefe da Igreja. De mais a mais, a curiosidade do inusitado atraía o interesse geral, embora alguns não escondessem a possibilidade de escândalo.

A infraestrutura do Vaticano passou a mobilizar-se às pressas para providenciar a parte culinária e a montagem do salão da ceia. Pedro II sugeriu que o prato principal fosse peixe e a bebida vinho de uvas shiraz, tudo lembrando Jesus às margens do Lago de Genezareth.

Depois de algumas trocas de ideias, o novo Papa retirou-se para seus aposentos e os cardeais sumiram como por encanto.

Nos setores mais distantes das áreas nobres, a azáfama era intensa.

***

Vinte horas. O salão nobre, avermelhado, estava deslumbrante. A decoração dava um toque de alegria e de paz ao ambiente. Os lustres de bronze pesado, pendentes do teto, enchiam de luzes difusas a sala, trazendo à memória as festas da Idade Média.

Atrás da cadeira do Papa, um grande quadro de São Pedro, recebendo a chave das mãos de Jesus. Embaixo, os dizeres:

"Apascenta minhas ovelhas".

Afeitos a horários, cientes da responsabilidade de estar a postos no momento aprazado, os cardeais foram chegando quase ao mesmo tempo. Vários mestres-de-cerimônia os conduziam aos lugares determinados, onde permaneciam de pé, conversando animadamente, enquanto a música inesquecível das Quatro Estações, de Vivaldi, fluía suavemente em cada coração, como toque mágico de descontração.

Três longas mesas, ricamente atoalhadas, decoradas com castiçais de três velas e pequenos vasos de flores brancas e amarelas, símbolo das cores da bandeira do Vaticano, chamavam a atenção dos comensais. Na cabeceira, a mesa do Papa com alguns lugares destinados ao Secretário de Estado do Vaticano, ao Decano, ao Prefeito do Vaticano e ao Presidente do Dicastério, ou seja, da Cúria.

Quando o Papa chegou, vestido no seu tradicional hábito branco, com capinha a meio ombro, as palmas vibrantes dos cardeais acordaram o Noé e os profetas de Michelangelo, dormentes há séculos no teto da capela Sistina.

No mesmo instante, irrompeu, com majestoso vigor e arrepios de emoção, o Hino do Papa, composição de Charles Gounod. A trombeta dos primeiros acordes chamando a resposta da orquestra inteira, parecia a voz do Papa conclamando todos à marcha para um mundo melhor.

Essa música tornou-se o Hino Pontifício em 1949, durante o pontificado de Pio XII, substituindo a Marcha Triunfal de Viktorin Hallmayer, composta em 1857.

Em seguida, Pedro II fez breve oração, invocou o Pai Nosso e convidou os cardeais a sentaremse.

Enquanto os garçons se preparavam para o serviço, Pedro II usou o microfone para cumprimentar os cardeais:

"Caríssimos irmãos, não me alongarei. Quero dizer-vos que o prazer desta ceia significa a alegria que eu tenho de compartilhar convosco a história desse momento.

Desejei fazer o mesmo que fazia Jesus com seus amados discípulos. E a mesa é um bom momento para vos dizer que somos irmãos e que eu vos amo de todo o coração.

As portas desse casarão abençoado estiveram sempre abertas para vós e continuarão tão abertas quanto meu coração. Aproveitando a vossa estadia em Roma, eu vos convoco para um encontro na próxima quinta-feira. Grazie. Bom apetite.

Fortes palmas acolheram as palavras de Pedro II.

O jantar transcorreu como diz o livro dos Provérbios: "Um coração contente tem um perpétuo banquete". (15,15).

***

Nos três dias que antecederam o encontro, os cardeais multiplicaram conversações em torno dos rumos da Igreja. Ainda não tinham um perfil completo da personalidade de Pedro II e se perguntavam o que diria o Sumo Pontífice na reunião. O Papa, a maior parte do tempo recolhido à privacidade, estabelecia as linhas do seu pensamento para a Igreja e para o mundo. Pensava que não podia ser contido demais a ponto de não ser compreendido e nem avançado demais para não comprometer a dose. Nesse momento, sorriu lembrando que houve um cardeal, e depois Núncio da Turquia e da França, que era tachado de parlapatão, e acabou sendo o maravilhoso Papa João XXIII.

Enquanto isso, milhões de mensagens chegavam ao Vaticano comemorando a eleição.

Controvertidos debates entre os cardeais

Quinta-feira. Oito horas da manhã. Na mesma capela Sistina, os cardeais ocuparam seus lugares e aguardaram a chegada do Papa.

Precedido de assessores, Pedro II postou-se junto à cátedra e foi iniciada a invocação do Espírito Santo, o Espírito da Sabedoria e do Amor. Depois da oração do Pai Nosso, foi pedida a presença, a bênção, e a inspiração de Jesus Cristo, finalizando com a prece que dá glória ao Pai, ao Filho e ao Espírito Santo.

Convidados a sentarem, Pedro II alinhou algumas folhas sobre a mesa, e abriu a sessão:

"Diletíssimos irmãos. Antes de partirdes para vossos países, senti imenso desejo de estar convosco por mais um dia a fim de conversarmos liberalmente, frente a frente, sobre a Igreja, seus anseios, a visão de futuro e os sonhos da humanidade".

Fixou, por instantes,
a plateia purpurada
e prosseguiu:

"Todos percebem que estamos num mundo em transformação. A evolução, a ciência, a tecnologia, a internet, os veículos de comunicação eletrônicos, as redes sociais, mudaram hábitos, reviraram o habitáculo dos lares, trituraram conceitos e crenças. As igrejas já não recebem multidões de fiéis, os sentimentos de obrigação e culpa se diluíram, o conceito de Deus personalizou-se no coração de cada um e o desejo de vinculação amorosa ao Pai Celestial está se esgotando. Como consequência, vemos um ser humano vazio de si mesmo e de Deus, à procura de satisfações fortes, o que abriu caminho para as drogas e delas para a violência, o crime, a insegurança e o sofrimento. O mundo vai bem, a humanidade vai mal. O ser humano está enfermo. Para os males de hoje, os remédios de hoje".

Os cardeais aprovaram com palmas.

O Pontífice sorriu e continuou:

"A Igreja. Pergunto se a Igreja está respondendo aos anseios e às buscas do homem de nosso tempo. Essa inquietação, esse desânimo, essa confusão anímica, essa vontade desesperadora de acabar com o vazio existencial que empurra o mundo para a depressão, sim, pergunto se encontra resposta na Igreja. Suponho da maior urgência voltarmos as perguntas e as respostas para nós mesmos, ao invés de acusarmos o mundo e mostrarmos má vontade para com as outras denominações religiosas que aumentam seu rebanho e sofrem nossas críticas acerbas, como se fôssemos os únicos proprietários de Deus.

Gostaria que se meditasse sobre dois aspectos: o que estamos pregando tem significação e entusiasmo no coração de cada pregador ou é apenas o cumprimento de um dever de ofício? Em segundo lugar, a mensagem chega ao coração do povo ou estamos falando aos peixes? Se a Igreja fala hoje a linguagem da Idade Média, haverá um abismo que não satisfaz a ninguém. Então, seria de se indagar se estamos respondendo às necessidades deste momento existencial ou repetimos pregações para um mundo que não existe mais. Há sintonia entre a palavra e a escuta? Há simbiose amorosa entre o coração do mensageiro de Deus e o coração dos fiéis?

A palavra precisa responder aos anseios e sonhos de cada ser humano que vive esse momento existencial.

Não nos perguntemos onde o mundo está falhando, mas onde nós estamos errando o alvo. Adianta oferecer saborosa comida para quem está com sede?

Qual será a palavra de Jesus para nós, nesse momento histórico? Qual será a mensagem que o Mestre desejaria que levássemos, nesse estágio planetário, à humanidade?"

Aqui o Papa não resistiu
à vontade de tossir.
Após beber água novamente,
brincou:

- Pois é, não estou acostumado a falar como Papa. Até a garganta quer se fazer ouvir.

Os cardeais descontraíram entre risos e palmas.

Pedro II entrou num assunto que o preocupava:

"Percorremos dois mil anos carregando a bandeira do Cristo: será que nessa longa caminhada não poderiam ter ficado obscurecidos alguns aspetos da essência do reino de Deus? Será que não foi dada importância demais a leis eclesiásticas e burocráticas que estreitam cada vez mais o portal de entrada no reino?

Com o crescimento do Cristianismo no decorrer dos séculos, quem sabe nos tenhamos arrogado a soberania espiritual, a posse da verdade e a propriedade do caminho, exigindo que todos passem por nós e nos paguem pedágio? Não raro, o poder esmaga o amor e turva os olhos da justiça e da boa vontade. Ainda estamos no barco de Pedro? Nosso universo é geográfico ou espiritual? O reino é aquele império político sonhado pelos discípulos ou o vislumbrado por Jesus? A pergunta que não quer calar é esta: Afinal, o que queria Jesus? E se sabemos o que pretendia o Rabi da Galileia, seguimos por esse caminho ou resolvemos que agora nós sabemos melhor do que ele o que precisa a Igreja e a humanidade? Quais são os valores que o Nazareno colocou na essência de sua mensagem e quais os valores que nós estamos colocando no bojo da catequese? É verdade que não vamos desmantelar nossa infraestrutura funcional, mas precisamos abrir nossas fronteiras e acolher a todos, indistintamente, que todos são filhos de Deus. Que jamais aconteça recebermos a recriminação do Cristo feita aos escribas e fariseus: "Ai de vós que fechais o reino dos céus aos homens; vós mesmos não entrais e nem deixais entrar os que querem!" (Mt 23,13).

Numa atitude surpreendente,
Pedro II deixou o microfone
e passou a percorrer o corredor da capela,
por entre os cardeais, dizendo que
um pouquinho de silêncio
fazia bem aos ouvidos e ao coração de todos.
Ao retomar o microfone,
abriu a voz, gesticulando:

"Meus queridos irmãos! No período em que Deus me concede o timão do barco, desejo ardentemente um retorno ao evangelho de Jesus. Voltemos à Fonte. Durante dois mil anos fomos bebendo desse manancial inesgotável de água pura, fazendo elucubrações e anotações marginais que acabaram se tornando semidogmas; acrescentamos asceses de autodepreciação e de desprezo desse mundo de Deus, a tal ponto que, nesse momento da nossa trajetória, seria elogiável deixarmos os volumes teológicos e ascéticos descansando no seio das bibliotecas e nos debruçarmos sobre os evangelhos, a raiz, a fonte, a palavra límpida original. Assim, penso que será mais fácil recolher a essência do caminho, da verdade e da vida. Tal como uma casa precisa de vez em quando de pintura nova, faxina completa, reforma de móveis deteriorados, novas instalações, janelas mais abertas ao sol, creio que esse é o momento de entrarmos na casa, contemplarmos seus desgastes, e tratarmos de criar uma nova face, com mais luz, mais beleza, mais cristalinidade, mais alegria, mais amor, enfim mais arejamento. Sejamos a Luz do novo mundo. É bom considerar que não é o combate contra as trevas que as elimina, mas é a propagação da Luz que apaga as trevas".

Olhou para a pintura de Michelangelo,
apontou para o Cristo,
que avançava soberano da parede,
e mudou de tom:

"Se eu vos perguntasse, agora, qual é a essência da mensagem do Nazareno, tenho certeza de que todos responderiam em uníssono: - O amor. E responderiam certo. Então, surge outra pergunta decorrente: É isso que estamos fazendo ou colocamos outros valores mais convenientes à frente? Jesus, certa vez, disse aos escribas e fariseus: "E vós que transgredis o mandamento de Deus por amor à vossa tradição?" (Mt,15,1-9)

Às vezes, vem-me à mente a ideia de que a Igreja tem medo do amor e o coloca debaixo do tapete, ou na sacristia, para que não perturbe a ordem e a disciplina religiosa já estabelecidas. São tantos os conceitos e significados atribuídos a essa palavra que, não raro, o inconsciente de muitos líderes e autoridades religiosas imagina não ter valor prático. Certos intelectos, afeitos à ordem, à lei e à disciplina, entram em desconforto quando se prega que o amor é tudo.

Aqui, sabendo da proposta delicada
que ia fazer,
Pedro abriu amorosamente os braços
e deu um toque
carinhoso às palavras:

"Por que não convidamos ao retorno a legião imensa de sacerdotes e religiosas que deixaram nossas fileiras por motivos inócuos, como casamento, incompatibilidade de gênios com superiores, desagrados, desrespeito, ofensas, falta de reconhecimento, descumprimento de regras eclesiásticas ultrapassadas, isso quando não foram descartados do reino simplesmente por inveja, despeito, ou calúnia? É um pecado que bradará aos céus não oferecermos a mão a esses milhares de cristãos que ainda sonham com o regresso ao pastoreio do grande rebanho do Senhor. Quem somos nós, pobres mortais, para levantarmos o braço contra quem deseja servir o Senhor?"

Sua voz agora
é quase uma súplica:

"Deixemos de lado medos e barreiras preconceituosas, e aceitemos carinhosamente tantos idealistas que desejam ajudar a levar o amor e a paz ao mundo. Importa que sejam casados? Existe, porventura, incompatibilidade intrínseca entre sacerdócio e casamento? Será que temos o direito de criar leis que restrinjam o ideal de pessoas piedosas?

Até o ano 867, não havia nenhum impedimento ao casamento do próprio Sumo Pontífice. Será hoje o ser humano diferente? Terá o homem do terceiro milênio menos capacidade de resolver suas responsabilidades familiares e religiosas? Do ponto de vista psicológico, não seria no convívio da família que encontraria também o equilíbrio emocional e a segurança existencial? Até aqui essas ideias são tabu na Igreja. Temos obrigação de abrir o debate e analisar conceitos, preconceitos, tradições, dogmas, ciência, e haurirmos os ensinamentos possíveis. Quem busca a verdade e focaliza o bem da humanidade, não pode temer o debate, por mais acalorado que seja".

Pedro II silenciou, por instantes,
a fim de beber água.
Percebia-se que a intenção era
dar tempo a que sua ponderação
fosse assimilada.

Apontando para os cardeais:

"Vejo aqui varões da mais alta cultura, homens probos, profundamente espiritualizados, mentes brilhantes, eminências que consagraram anos ao estudo da teologia, da filosofia, da psicologia, da antropologia, da sociologia e demais ciências humanas. Sou profundamente admirador e reconhecido à contribuição oferecida à Igreja.

Meu coração beija o coração generoso de cada um e desejo que continuem dando o melhor de sua grandeza mental e espiritual ao mundo. Penso, ao mesmo tempo, que a situação da humanidade de hoje e a urgência de retirar os indivíduos e as famílias do descompasso com a vida, pedem que se repense a formação sacerdotal. Nas minhas meditações, cheguei a imaginar que o essencial seria oferecer, aos candidatos à liderança religiosa, duas vertentes fortes de conhecimento: o evangelho, em primeiro lugar e acima de tudo. Nele está a Fonte, a Palavra e a Presença de Jesus. O mergulho na vida e mensagem do Cristo trará à tona a substância da sua Palavra e será fermento perene de entusiasmo. No evangelho, o ministro encontrará o Caminho, a Verdade e a Vida. Há que convidar estudiosos, teólogos, filósofos, exegetas e psicólogos a que formem ciclos de estudos sobre a mensagem do Cristo, decifrando seus significados mais profundos e atemporais, reunindo textos afins, fazendo comparações, situando contextos exegeticamente, buscando, enfim, comparações com a história do tempo.

Em segundo lugar, paralelamente aos evangelhos, é imprescindível que o novo sacerdote se debruce sobre o estudo da psicologia, o que lhe dará condições de ajudar, aconselhar, resolver, apontar soluções e caminhos para os seres humanos que se debatem nos conflitos desse mundo tecnológico e materialista.

Para que essas duas vertentes de conhecimento cheguem ao povo, faz-se mister acrescentar a importância do preparo para a comunicação. Sem o estudo da comunicação e os exercícios experimentais, como pode o ministro levar a mensagem ao mundo atual, mundo voltado essencialmente para a mídia?

O homem de hoje tem a mente aberta e o coração fechado, a mente exuberante e o coração ressequido. Necessitamos de idealistas que vivifiquem o coração humano. Temos urgência de novos ministros. Mais do que nunca, a messe é grande e os operários são poucos. Suponho que dois ou três anos de estudo dos evangelhos e da psicologia serão a base para o serviço em benefício da humanidade, até porque é importante que os estudos e aggionamentos sejam continuados, uma vez que o mundo não para no dia da ordenação sacerdotal. Mais do que a cultura, o essencial é um coração plenificado de amor, incendiado pelo idealismo desejoso de semear o bem".

Pedro sorve mais um gole de água,
não tanto por necessidade,
mas para descontrair
e suavizar as mentes cardinalícias.
Sorri e brinca:

"Enquanto não houver nenhum cardeal veterano dormindo, posso seguir em frente".

Risos e palmas.

"Amados irmãos. Minhas palavras, nesta hora, não têm a força de uma encíclica, nem de um decreto, motu próprio, ou bula papal, muito menos terá a pretensão de infalibilidade. É uma conversa ao pé do vosso coração, apenas uma meditação para que partilheis das minhas inquietudes e dos meus sonhos de acelerar o novo reino de amor apregoado pelo Cristo.

Num mundo em mudança, não tenhamos medo de subir no trem da história que passa por nós, caso contrário corremos o risco de falarmos sozinhos à beira da estrada, enquanto a caravana já está lá na frente, alheia a um passado que pouco lhe diz e não mais satisfaz.

Qualquer psicólogo sabe que toda mudança desestabiliza, daí a tendência de deixar tudo como está, porque o novo e o desconhecido causam pânico. Nada melhor do que ficar numa zona de conforto, no entanto não se coloca o candeeiro debaixo da mesa, mas em cima, e, se está sobre a mesa, deve iluminar. O navio está a salvo no porto, mas não foi para isto que o construíram.

Entendo que muitos de vós acharão inusitadas minhas palavras, talvez fora de propósito para uma Igreja que atravessou incólume vinte séculos, segurando-se em costumes e crenças tradicionais. Não é porque habitamos as dependências do Vaticano, de onde brilha o farol da cristandade católica, que devemos achar que nossa cabeça tem o tamanho do mundo, e muito menos considerar-nos herdeiros únicos do reino dos céus, portadores exclusivos da Verdade. Nunca esqueçamos a virtude da humildade e da singeleza. "Se não vos tornardes como as crianças não entrareis no reino dos céus" – nos ensina o Cristo.

Quando nos invade a tentação de nos erigirmos em martelo da humanidade e da Igreja, lembremos que estamos aqui nesse minúsculo e frágil planeta, um grão de areia perdido na infinitude do cosmo, apenas de passagem, para aprender, crescer, amar, ser felizes e abençoar; e, por fim, voltar para casa, a morada de onde viemos por desejo amável do Pai Celestial.

Que Deus nos abençoe a todos e o divino Mestre Jesus, com sua santa Mãe Maria, estejam conosco, para nos dar discernimento, ânimo e boa vontade! Em nome do Pai e do Filho e do Espírito Santo".

Os cardeais responderam com vigor:

- Amém.

Seguiu-se vigorosa salva de palmas, enquanto o novo Papa se retirava, e o cardeal Decano dirigiase à mesa para as orientações:

- Eminências! O desejo do Papa é que nos reunamos em grupos, à livre escolha, para comentar e recolher ideias que possam ajudá-lo nesse início de pontificado. Agora, pausa para o cafezinho e, dentro de uma hora, formem-se grupos que se reúnam em alguma dependência, até o meio-dia, hora do almoço. Às quinze horas, tornaremos à capela Sistina e ouviremos os depoimentos, que deverão ter o selo do sigilo pontifício, o que facilitará a livre expressão de cada um. Grazie.

O momento do café estava mais animado que nunca. Podia-se ver nos rostos, muitos já batidos pelo tempo, o que se passava na mente. Tudo indicava que iriam formar-se blocos de acordo com as ideologias. Havia correntes definidas ostentando visões diferentes. Todos interessados na salvaguarda dos destinos da Igreja.

Após o almoço, muitos não renunciaram à tradicional sesta, enquanto outros alinhavam seus argumentos.

O cardeal Roschilder e seus seguidores sentiram-se na obrigação de se dirigir ao Papa a fim de manifestar seu desagrado e preocupação a respeito dos rumos que estava imprimindo à Igreja.

- Essa reviravolta estonteante é muito perigosa – começou Roschilder, depois de pedir desculpas por roubar um pouco do descanso de Sua Santidade.

- E o que sugere? – quis saber Pedro II, num gesto amoroso de escuta.

- Pensamos que a Igreja correrá grandes riscos de confusões internas e externas se levar à frente tantas modificações tão radicais. Os últimos Papas, por uma razão ou outra, têm-se negado decididamente a levantar temas como alguns que Vossa Santidade abordou. Houve até os que proibiram terminantemente que se tocasse em certos assuntos, como celibato.

- Meu caro Roschilder, admiro sua cultura e grande talento. Mas, deixemos que os cardeais, muitos deles com larga bagagem de conhecimentos e experiências, exponham livremente suas posições e convicções. Vossa Eminência e demais colegas têm a grande oportunidade de expressar suas ideias e conceitos a todo colégio cardinalício, inclusive aos membros da Cúria. Não é louvável isso?

Roschilder ficou sem saber o que dizer e pediu licença para se retirarem, agradecendo a atenção solícita do Pontífice.

***

Quinze horas. Os cardeais foram tomando seus lugares. Uma música suave, de Bach, inundava de paz o ambiente.

Ao toque da campainha, silêncio abrupto. Orações a Jesus e invocação ao Espírito Santo.

Quando o cardeal Secretário da sessão tomou a palavra, a expectativa era imensa.

- Boa-tarde! Louvado seja o Senhor Jesus Cristo!

- Boa-tarde! Para Sempre seja louvado! – responderam em coro os participantes.

Aproximando mais o microfone da boca, falou o secretário:

- Amados irmãos! Agradecemos a boa vontade de Sua Santidade o Papa Pedro II em desejar ouvir-nos. Este é um momento privativo, como se fora continuação do conclave, em que cada um pode expressar suas convicções, seus sentimentos, suas teses e sua visão de Igreja e de mundo. Digam o que vai no coração, sem necessidade de autocensura. A liberdade de pensamento aqui, nesse recinto fechado, é total. Qualquer manifestação, seja aproveitada ou não, sempre é boa contribuição para uma visão global da Igreja e da humanidade. Será chamado o representante de cada grupo, que explanará a síntese das conversações e depois outros membros do mesmo grupo podem usar a palavra, se o desejarem.

Enquanto os grupos foram se sucedendo na apresentação de seus pontos de vista, saltava aos olhos as diversas facções e ideologias tentando impressionar os demais cardeais.

O grupo em que predominavam as regiões africanas, asiáticas e da Oceania concordava com a nova visão de Igreja apresentada pelo Papa.

A facção que expressava o pensamento da Alemanha, Polônia, e alguns países do leste europeu, demonstrou preocupação com as ideias inovadoras do Pontífice, ressaltando que guinadas radicais gerariam confusão, mal-estar e ameaças à estabilidade da estrutura eclesiástica.

Houve os que aceitaram, sem discussão, os novos caminhos de Pedro II, entendendo que a ele é dada a assistência do Espírito Santo. Roma locuta, causa finita.

O cardeal Roschilder criticou acerbamente as palavras do Papa, dizendo sentir dissabor profundo e medo de que o barco de Pedro pudesse entrar em risco de naufrágio. Acusou o Pontífice de imaturo e perigoso na sua forma de ver a Igreja em relação ao mundo de hoje. Chegou a prever tempestades futuras. Discordava frontalmente da ideia do retorno dos ex-padres, muitos deles marcados por escândalos, assim como não via com bons olhos a inovação de colocar nas fileiras eclesiásticas padres casados.

Um rumor confuso, sem identificação pró ou contra, espalhou-se pela capela, onde o Cristo Salvador, de Michelangelo, se mantinha em silêncio absoluto lá no teto, mas de mão erguida para lançar luz nas mentes cardinalícias.

O grupo do Brasil, em conjunto com países da América do Sul e do Norte, apoiou a linha de ação de Pedro II, principalmente sobre a necessidade de priorizar o mandato essencial de Jesus: o amor. Achou genial a proposta de voltar às origens da mensagem do Cristo, apoiando inclusive o retorno de ex-padres e a necessidade de oficializar o debate sobre o casamento de padres.

De seu gabinete, Pedro II acompanhava pelos serviços internos de comunicação, o desenrolar do encontro.

Ao final, o Decano anunciou:

- Vamos agora receber novamente sua Santidade o Papa Pedro II para o encerramento da reunião.

Quando o Pontífice entrou na Sistina, agradeceu o aplauso com inclinação de cabeça e largos gestos afetuosos.

Sentou-se à mesa e falou:

"Diletíssimos irmãos. Estava até agora junto de vós, acompanhando com redobrada atenção, do meu gabinete, vossas colocações e preocupações. As vossas palavras foram acolhidas por mim com carinho. Nossa intenção e responsabilidade comum é estarmos presentes no mundo de hoje. A maior catástrofe seria a marginalização da Igreja, que ocorreria se nada mais tivermos a dizer para minorar os sofrimentos dos seres humanos, colocados sob os nossos cuidados amorosos. Jesus contou a parábola da ovelha tresmalhada, com a intenção de nos convidar a sairmos do status quo para irmos ao encontro dos que sofrem, não só para estarmos ao lado deles, mas para os tirar da desgraça e os colocarmos junto do rebanho abençoado.

Não tenhamos medo de avançar. Lembro as

palavras escritas, em 1960, pelo nosso amado João XXIII: "Devemos construir, diletos filhos, devemos avançar, lançando os fundamentos de uma nova era mais sã, mais equânime, mais generosa, com a ardente aspiração a um sucesso que não pode tardar". João Paulo II também apregoava: "Um novo mundo deve nascer em nome de Deus e do homem. Não recueis". Esse é o chamado desses novos tempos.

O difícil não está nas ideias novas, mas em nos livrarmos das ideias velhas.

Nosso esforço e nossa genialidade estão em separar o joio do trigo, em discernir entre o obsoleto e o eterno, entre a tradição mutável e a tradição perene, entre as verdades particulares e pessoais e as verdades transcendentes.

A Sagrada Congregação para a Fé fará um apanhado das ideias aqui aventadas, cuja síntese será enviada aos bispos, para que nos remetam suas considerações. Deixo-vos a bênção do nosso amado Mestre Jesus, de Nossa Senhora, dos anjos e santos, em nome do Pai e do Filho e do Espírito Santo".

Todos, em coro, disseram: Amém.

O Papa retirou-se, acenando amavelmente para os cardeais, enquanto era aclamado.

Oposição ferrenha

Roschilder confinou-se com alguns cardeais de sua intimidade, inquieto com o andamento da situação. Mais do que inquieto, estava assustado. Havia um pacto de lutar para evitar que Pedro II saísse da rotina normal dos Papas anteriores, sob o risco de depredar a genuinidade da doutrina.

- Que é que quer nosso pescador de Betsaida? Como pode esse ilustre desconhecido se arrogar agora em salvador do barco e dono da navegação? Sem conhecer a situação mundial, sem viagens pelos países e pelas esferas mundiais da Igreja, como pode ele começar dando tiros para todos os lados, sem mais nem menos?

A emocionalização de Roschilder perturbava a lucidez do raciocínio, já que Pedro II estava ouvindo os cardeais antes de proclamar soluções para a construção de um mundo melhor.

Posse como bispo de Roma

No domingo, a igreja do Latrão estava abarrotada de autoridades, embaixadores, muitos cardeais, representantes de países, religiosos e religiosas em grande quantidade, e uma multidão de fiéis e curiosos se derramando em torno do grandioso templo.

Pedro II tomou assento na cátedra dourada mandada fazer pelo papa Leão X e que, desde então, tornara-se símbolo da posse oficial do bispo de Roma.

A basílica fora fundada pelo Imperador Constantino e, até 1309, o Palácio Laterano, ao lado, era residência dos Papas. A igreja do Latrão, é a catedral do Bispo de Roma, ou seja, o Papa, por isso é considerada "mãe e cabeça de todas as igrejas de Roma e do mundo".

O cardeal Vigário de Roma pronunciou a fórmula tradicional, convidando Pedro II a assumir o bispado da Cidade Eterna. Essa cerimônia significa o comando sobre a Igreja de Roma, que é formada por 5 basílicas patriarcais, 58 basílicas menores, mais de 300 paróquias, e 279 igrejas não paroquiais.

Em discurso de vinte minutos, Pedro II vislumbrou uma nova era de amor para a Igreja e para a humanidade.

Os jornais destacaram principalmente essa parte do sermão:

"Seria bom que se cultivasse não a força da autoridade, mas a força da verdade.

Não a força da hierarquia, mas do respeito mútuo.

Não a força da renúncia, mas da generosidade.

Não a força do compromisso, mas do amor.

Não a força da filosofia e da teologia, mas do evangelho.

Não a força do superior, mas de Jesus.

Não a força das tradições, mas das necessidades de hoje.

Não a força das imposições, mas da liberdade.

Não a força da obediência, mas da concordância livre.

Não a força da conquista, mas da convicção.

Religião não é exército e Jesus não é general.

Religião não é país e Jesus não é presidente.

O reino de Deus é pessoal e não territorial: "O meu reino não é deste mundo material", porque situa-se nas dimensões da mente e do espírito, mas serve-se do mundo material enquanto ajuda no avanço da evolução humana, da felicidade e da concórdia entre os povos.

A Igreja não é angelical, mas humana.

Jesus não é só divino, mas também humano. É filho de Deus e do homem. "O Verbo se fez carne". A absoluta divinização de Jesus coloca-o distante de nós, seres humanos. E, nesse caso, não seria de nossa alçada imitá-lo.

O corpo é essencialmente bom, porque criado por Deus, por isso deve ser cuidado com amor e valorizado em todas as suas dimensões, finalidades e usos".

Ao término da cerimônia, aplaudido pela multidão aglomerada junto à escadaria e na Piazza di San Giovanni in Laterano, Pedro II percorreu, em carro aberto, algumas ruas até chegar à basílica de Santa Maria Maior, muito venerada pelos romanos, quando, então, em breve oração silenciosa, pediu a bênção da mãe de Jesus para o povo. Seguiu até a igreja de São Pedro, para venerar e louvar o nome do seu antecessor São Pedro e orar pela cristandade e pelo mundo.

***

Jornais, revistas, televisões e emissoras de rádio do mundo inteiro passaram a semana dando destaques especiais para a eleição de Pedro II. Algumas frases de efeito de sua fala interna e da posse no Latrão ganharam grandes manchetes. A imprensa focou de modo especial a intenção do Papa de dar nova configuração à Igreja. Alguns países falam em Papa da nova Era do Amor. Outros vislumbraram uma revolução eclesiástica, com a probabilidade de retorno dos ex-padres e ordenação de homens casados.

Para o grupo oposicionista, a situação era motivo de alarme. A Igreja poderia estar prestes a desmoronar, sacudida por tantas surpresas, novidades e comentários mundiais.

Quando o pensamento de Pedro II avançou

pelo mundo como tsunami, a corrente fundamentalista começou a erguer a voz contra o Pontífice e alguns mais radicais já insinuavam a urgência de se fazer alguma coisa para evitar a hecatombe da Igreja Católica Apostólica Romana. Telefonemas sigilosos percorriam a Espanha, a Itália e alguns países onde focos opositores não suportavam a nova linha do Papa de Betsaida.

Ex-namorada

Naquela terça-feira ensolarada, Pedro II recebeu em audiência particular sua ex-namorada Míriam, de Betsaida.

- A sua bênção, Santo Padre – disse ela, ajoelhando-se diante do Pontífice.

O Galileu ergueu-a gentilmente e quis saber como a sua eleição fora recebida na sua terra.

- Querido Mestre, o povo exultou como nunca. Gritos de alegria, passeatas, fogos de artifício e grandes manifestações aconteceram à margem do Mar da Galileia.

Pedro II recordou:

- A terra de Jesus, a morada de Pedro, a Tiberíades de tantas saudades, minha meiga e doce Betsaida!

- Todos com saudades de Vossa Santidade – acrescentou Míriam.

- Eu também. Ah, a envolvente paz da região, o mistério do mar nascido das águas do Jordão, o enlevo do crepúsculo à margem do Lago...

Míriam começou a sentir-se mais à vontade:

- Foi num entardecer, nas areias do mar, que nos encontramos pela primeira vez... Momentos inesquecíveis...

- Aquele luar derramando réstias de luz prateada sobre as águas... e dois corações abençoando a vida... - sonhou o Galileu, esquecendo por instantes a tiara, o báculo e as chaves de Pedro.

- E abençoando o amor – completou Míriam, na plenitude dos seus atuais trinta e cinco anos.

- É bom lembrar – continuou o Papa – mas tudo ficou no passado, uma história cujo capitulo final já se fechou há bastante tempo.

Míriam arriscou:

- Bem que poderia ser diferente!

- Tenho uma missão maior. O mundo espera muito de mim. A Igreja quer que eu seja o timoneiro. Esse é meu caminho.

- Continuo guardando belas lembranças no aconchego do meu coração. Lembra-se daquela vez que saímos a pescar no Lago e a tempestade repentina quase nos levou ao naufrágio?

- Não fosse a proteção de Deus! Às vezes, o vento desce forte, encurralado pelo vale do Hérmon e colhe os barcos de surpresa, como nos aconteceu.

- Tivemos belos momentos românticos – emocionou-se Míriam.

- É verdade. Na época, nem pensava em vocação sacerdotal. Hoje somos dois caminhos, embora continuemos como amigos, bons amigos, que amizade sempre é um tesouro, como diz a bíblia.

- Sim – alegrou-se Míriam. - Não terei a pequenez de duvidar que este é seu caminho, traçado por Jesus e abençoado pelo Pai Celestial. Às vezes, subo até o Monte das Bem-aventuranças, onde Jesus orava, para pedir proteção, sabedoria e saúde a Vossa Santidade.

- É muito bom ouvir isso de você. Continue. Peça que Jesus me ilumine para que eu acerte a trajetória.

Pedro II levantou-se, retirou um pequeno crucificado doirado, e disse-lhe, encerrando o diálogo:

- Leve-o consigo, que sua vida será muito feliz.

- Santidade, peço a sua bênção.

Pedro II impôs as mãos sobre a cabeça de Míriam e implorou a bênção do amor e da paz para o coração; sabedoria para a mente; saúde para o corpo; e que a Luz Divina ilumine sempre seus passos.

Em nome do Pai e do Filho e do Espírito Santo.

- Amém – respondeu Míriam.

Beijou o anel de pescador e a mão do Papa, retirando-se emocionada pela atenção que lhe dera o Sumo Pontífice.

***

A audiência particular vazou e boatos maldosos povoaram a imprensa marrom. O Galileu lembrou que aprendera nos bancos do seminário a evitar tudo que pudesse acirrar a imaginação de mentes distorcidas. Com o amadurecimento da vida, pensou que não seria justo deixar de fazer o bem e semear amor e alegria devido à hipótese de ser mal interpretado. Não entendia correto e nem saudável recolher-se à obscuridade e ao niilismo para não provocar os boatos de seres inferiores. E concluiu sua meditação determinando-se a ser bom e fazer o bem, digam os outros o que disserem. Não pouparam nem Jesus, como quereria ele passar incólume?

Os radicais

- Alô, é da Sociedade Secreta de Defesa da Fé e Costumes?

- Quem está falando?

- O Defensor. Chame Oviedo, por favor.

Silêncio.

Som de passos leves.

- Sim.

- Boa-noite, Monsenhor. Já deve saber do motivo.

- Sei, a situação parece-me muito grave. Intolerável. Se o Chefe levar a cabo suas ideias, o barco afundará. É preciso estar alerta e tomar providências antes que seja tarde.

- Concordo. Imagine que desgraça para a Igreja! Perderia sua verdadeira face. Adeus, credibilidade!

O cardeal, oculto sob o pseudônimo de Defensor, completou, com pessimismo:

- E atrairíamos o castigo de Deus por omissão e covardia.

Monsenhor Oviedo tinha sangue de revolucionário. Descendente de carbonários, infiltrara-se na dignidade episcopal. Seu fundamentalismo ortodoxo chegava às raias do fanatismo. Dizia-se, à boca pequena, que fazia parte dos Illuminati.

Acentuou, com veemência:

- Temos que estudar algo para agir a tempo.

- Assim não pode continuar – concordou o Defensor.

- Mesmo que seja necessária uma mudança radical de Comando – completou Oviedo, pondo mistério nas palavras. - Entrarei em contato com o grupo Purificatio Eclesiae. Posso lhe dizer que um dos iluminatti chegou a comentar, com sorriso estranho, o surpreendente falecimento do Papa João Paulo I, em 1978, após apenas 33 dias de sua posse.

- Diziam oficialmente que a causa teria sido embolia pulmonar. Mas a freira que lhe levara o café da manhã e o encontrara morto, fez voto de silêncio sobre o caso. Há comentários aventando a hipótese de envenenamento - continuou o Defensor.

Oviedo completou:

- Pois ele contrariava decididamente os interesses de poderosos do Vaticano. Ou estou errado?

O Defensor encerrou abruptamente a conversa:

- É de se pensar.

O padre excomungado

*D*esejoso de mostrar o apreço imenso que nutria pelos sacerdotes, Pedro II recebeu em audiência uma delegação de padres da Itália. Queria, de viva voz, transmitir-lhes seu carinho especial e, através deles, a todos os demais presbíteros da Igreja.

No momento em que se sentava, viu um guarda retirando da sala um sacerdote e despojá-lo da cruz que ostentava na lapela.

Estranhando tal atitude, mandou chamar o padre. Indagou-lhe por que era retirado da sala.

- Amado Santo Padre, vim só para vê-lo. Perdoa-me.

- O senhor não é sacerdote?

- Sou, mas fui excomungado pelo Sr Cardeal-Arcebispo. Vivo isolado num pequeno povoado de Cortina d´Ampezzo, Alpes italianos, na região do Vêneto.

- Filho, o que aconteceu?

- Fiz um batizado fora do território da paróquia e, apesar da reclamação da hierarquia, celebrei um casamento num lindo ambiente da natureza, ao pé dos Alpes. O Sr Cardeal ficou irritadíssimo, me destituiu da paróquia e me excomungou.

- Volte à sua paróquia e diga ao Sr Cardeal-Arcebispo que excomunhão sem justa causa não pega. Diz a bíblia, em Provérbios, 26,2 que "maldição gratuita não atinge a sua meta". Se ele não aceitar, informe-o que o Santo Padre falou o seguinte: Se ele for inocente, se nunca pleiteou promoção eclesiástica, se não conseguiu doutorado comprado pelo prestígio, se não usou algum protetor ou padrinho purpurado para sobrepor-se a outros bispos com mais méritos e mais tempo de serviço, se nunca cometeu injustiças, atire a primeira pedra.

- Amado Santo Padre, ele não acreditará na minha palavra.

Pedro II retirou do dedo o anel de pescador e colocou-o nas mãos do padre:

- Se não acreditar, mostre-lhe o meu anel de pescador. Depois me devolva, pois devo usá-lo até a morte, quando um martelo eclesiástico o fará em pedaços, pondo fim ao meu papado.

O humilde sacerdote beijou as mãos do Papa e retirou-se com lágrimas de felicidade a correrem pelo rosto.

Os cardeais que acompanhavam o Pontífice jaziam boquiabertos. Nunca tinham visto coisa igual.

A audiência transcorreu em clima agradável, alegre e espontâneo.

Na sua fala, o Papa acentuou aos sacerdotes:

"Vós sois a Igreja.

Os superiores lhes devem respeito e consideração.

O peso maior da responsabilidade pastoral está nos vossos ombros, eis porque nós, da hierarquia, vos temos a maior admiração e carinho.

Sois a pupila dos olhos de Jesus. Mereceis o apoio e o amparo dos superiores eclesiásticos.

Fazer batizado fora do território paroquial, efetuar casamento além do recinto da igreja, nunca deixa de ser ato espiritual, oração, bênção e pregação. Se considerado impropriedade, não passa de deslize burocrático. João batizou Jesus no rio Jordão e não numa sinagoga. Jesus abençoou o casamento de Caná numa casa, ou num local de festa, e não numa igreja. As regras não devem inibir a prática do bem. O homem não foi feito para a lei, mas a lei foi feita para o homem – avisava nosso Mestre".

Após uma
pausa-relâmpago,
prosseguiu:

"Guardai no coração a alegria e a honra de empunhardes a bandeira, não de um líder político ou de uma causa humana, mas de um ídolo incomparável, um Ser de Luz, vindo do Infinito, que sonhou construir um novo mundo de amor".

Ao término, o Papa abençoou os sacerdotes presentes e do mundo todo e entregou a cada padre uma pequena relíquia.

Todos saíram da audiência encantados.

Lá fora, a alegria era contagiante.

Os comentários acentuavam o reconhecimento e a valorização dos sacerdotes.

- Finalmente nos sentimos importantes e amados – comentava um deles.

- Inimaginável ouvir tão linda mensagem da boca de um Papa – acrescentou o interlocutor.

O que estava ao lado interferiu:

- É verdade. Geralmente, o que se espera é que as autoridades nos lembrem nossos deveres, nossas responsabilidades, nossas obrigações e as regras que não podemos transgredir. Mas, esse Papa é muito amoroso.

Num outro grupo, ouvia-se uma voz alegre e emocionada:

- Realmente, esse é o Papa do Amor.

***

Pedro II dedicou seus primeiros dias de pontificado à administração do Vaticano, mantendo alguns cargos e substituindo outros. Sua preocupação maior foi trazer para junto de si, como Secretário de Estado, seu amigo de Cesareia, o cardeal Yacob Levy, conhecido como bom diplomata, doutor em Eclesiologia, Teologia e História da Igreja. Este seria seu braço direito.

O Vaticano

O novo Papa chamou o bispo De Satto ao seu gabinete de trabalho para lhe explicar tudo sobre o

Vaticano.

Antes da conversa, o Pontífice ofereceu-lhe chá da índia com algumas bolachinhas produzidas na padaria do Vaticano.

De Satto começou:

"Desde 1929, através da Concordata com Benito Mussolini, ditador italiano na época, a Igreja Católica ficou com a Cidade do Vaticano, este pequeno país eclesiástico-monárquico, de 44 hectares, com pouco mais de 800 habitantes, encravado em Roma, de onde a Santa Sé dirige a cristandade católica apostólica romana, composta por aproximadamente um bilhão e duzentos milhões de fiéis.

Reportando-nos às origens, Vaticano é uma das sete colinas de Roma, em cujo topo fora erguido o famoso Circo de Nero. Neste circo, São Pedro teria sido crucificado de cabeça para baixo para não ser igual a Jesus, como sabe Vossa Santidade. Defronte ao circo, havia um cemitério, e Pedro, segundo a tradição, nele fora sepultado, exatamente onde hoje se localiza a igreja de São Pedro.

A palavra Vaticano é derivada do latim, vates, que significa vidente, adivinho; eram pessoas especiais que ali viviam antes da Roma pré-cristã. Vaticanus era um deus etrusco que "abria a boca do recém-nascido para que pudesse dar o primeiro grito, ou seja, o primeiro choro". Com a libertação e oficialização do cristianismo no império romano, Constantino ergueu ali a primeira igreja, a Basílica de Constantino, em 326. No século V, sob o pontificado do Papa Símaco, 498-514, foi construído, próximo à basílica, um palácio. Desde o Tratado do Latrão, 1929, a defesa do Vaticano é da responsabilidade da Itália e a segurança do Pontífice está a cargo da Guarda Suíça. Os edifícios mais emblemáticos do Vaticano são: a Basílica de São Pedro, a Capela Sistina, o Museu do Vaticano, a Biblioteca Vaticana e o Palácio Apostólico. O palácio é, como sabe Vossa Santidade, a residência oficial do Papa, onde estão seus aposentos e gabinete de trabalho. Compreende aproximadamente 11.500 aposentos, mais de mil salas, entre as quais a capela Sistina, a sala Régia, as salas de Raffaello, e 20 pátios".

Depois de sorver um gole de chá, continuou:

"O Vaticano possui linhas ferroviárias, heliporto, correios, estação de rádio, quartéis militares, palácios, gabinetes governamentais, algumas embaixadas, e várias instituições de ensino superior, cultura e arte.

Além da Cidade do Vaticano, a Igreja possui o Castel Sant´Angelo, o Castel Gandolfo – residência de verão do papa - e as Basílicas maiores de Santa Maria Maior, São João do Latrão e São Paulo Extramuros. Residem e trabalham no Vaticano o Papa, vários cardeais, arcebispos, bispos, padres e outros funcionários importantes da Igreja Católica, além de um pequeno número de cidadãos comuns.

O Papa, cujo cargo é vitalício, sem hereditariedade, detém todos os poderes – executivo, legislativo e judiciário – e não possui qualquer órgão fiscalizador de seus atos, uma vez que é considerado emissário de Deus na Terra.

O Vaticano é o território sobre o qual funciona a Santa Sé, cuja autoridade suprema é o Sumo Pontífice, que administra a Igreja por meio da Secretaria de Estado, o Conselho Para os Negócios Públicos da Igreja e os demais departamentos da Cúria Romana. Esta é o organismo que faz funcionar a Igreja Católica. O Secretário de Estado é uma espécie de Primeiro-Ministro".

- E a economia? – quis saber o Papa.

- A economia do Vaticano é baseada na coleta de recursos monetários através das comunidades eclesiais pertencentes à Igreja Católica no mundo inteiro. A verba arrecadada é conhecida como Óbulo de São Pedro. Há também entrada de dinheiro com turismo.

No setor de internet, o Vaticano tem seu próprio domínio, registrado como .va; possui seu prefixo de rádio, que vai ao ar em ondas curtas, médias, FM e Internet. A Rádio Vaticano, o Centro Televisivo Vaticano e o jornal oficial L´Osservatore Romano são órgãos da Santa Sé.

A culinária Vaticana é conhecida pelos famosos ovos beneditinos, a lagosta com trufa branca, a mousse de faisão ao molho chaudfroid, e o maçapão de água-de-rosas.

O Pontífice convidou-o a sorver o seu chazinho, antes que esfriasse.

Então, De Satto concluiu:

"A arquitetura do Vaticano, o canto gregoriano, as vestimentas e símbolos usados pelo Papa, cardeais e Guarda Suíça são resquícios da cultura medieval. Poderia falar da tiara, mas já está em desuso.

Ah, ia esquecendo, o Papa pode usar, na sua comunicação com a hierarquia e católicos, vários tipos de documentos e decretos: a Bula, por exemplo, tem esse nome não pelo conteúdo do texto, mas pelo lacre de cera ou metal, em forma de bola. Constituição é o decreto papal mais comum e mais importante. Através dele, o Papa promulga leis sobre os fiéis e trata de assuntos doutrinais, disciplinares ou administrativos. A Carta Apostólica aborda assuntos ligados ao governo da Igreja, como nomeação de bispos, cardeais, e comemoração de alguma data. Encíclica é carta dirigida aos bispos, e por meio deles, aos fiéis, podendo tratar de algum tema doutrinário ou moral, incentivar uma devoção, ou condenar erros. Apresenta formalmente o valor de ensino à Igreja Universal e é dirigida, normalmente, não só aos católicos, mas também a todas as pessoas. Motu Próprio é um texto normativo, escrito por iniciativa do próprio Papa, tratando de assunto por ele decidido. Não se reveste da solenidade dos documentos oficiais.

Pcdro II, satisfcito com as informaçõcs, agradeceu a Angélico De Satto e sugeriu que percorressem juntos os setores principais de todo o complexo Vaticano. Ingeridos os últimos goles de chá, com a companhia de alguns cardeais, fizeram a visita informal, para surpresa e emoção dos que atendiam e trabalhavam em cada repartição.

No dia seguinte, Pedro II chamou Yacob e disse-lhe que encaminhasse os trâmites necessários para uma visita a Betsaida, em caráter pessoal.

- Como assim?! – admirou-se o cardeal.

- É apenas uma visita familiar à terra abençoada onde nasci, vivi e sempre fui acolhido com bondade e generosidade por aquela gente simples.

- Mas, Santidade, isso nunca aconteceu, suponho, na história dos Papas.

- Sempre há uma primeira vez – brincou Pedro II.

- Betsaida?! Vossa Santidade ainda aprecia o velho nome que fez história. Mas, onde reuniremos aquela gente toda que deseja estar com o Santo Padre?

- É uma visita de família, nada oficial. Chegarei lá de surpresa, relativa surpresa.

- Entrarei em contato com as autoridades de

Israel.

Pedro II agradeceu.

Bispo quebra as regras e é condenado

O cardeal Presidente da Congregação para a Doutrina da Fé mandou chamar o bispo do Alto Purus, na Amazônia, Dom Julião da Silva.

Conduzido a uma sala, de vermelho pesado, Dom Julião ficou longo tempo à espera de atendimento.

Quanto mais tempo permanecia no silêncio da sala, mais nervoso ficava, até que se deu conta de que essa também era uma manobra psicológica para amedrontar a pessoa e apequenar a autoestima.

Por fim, chegou o cardeal inquisidor, saudou mecanicamente o prelado, e começou, sem mais nem menos:

- Monsenhor, há uma denúncia contra o senhor!

- É mesmo? – sorriu maliciosamente o bispo.

O cardeal se assustou diante da descontração e indiferença de Julião. Normalmente, qualquer sacerdote, ou bispo, chamado ao Vaticano por denúncias de atitudes contrárias à Santa Sé, sente calafrios dos pés à cabeça. E aí estava um bispo que não se abalava diante do peso da autoridade maior da Congregação da Fé.

- O seu caso é muito sério – endureceu o cardeal. – Temos denúncia de que não está cumprindo as determinações da Igreja e, com isso, afrontando a legítima autoridade da Santa Sé.

- É mesmo? – sorriu novamente Julião, dessa vez irritando a dignidade cardinalícia, que crescia em tamanho diante do prelado dos confins da terra, como era tido.

- O senhor está minimizando essa audiência – carregou Sua Eminência.

- É que estou admirado da importância que Roma está dando a mim, minúsculo prelado assentado lá no fim do mundo. Pensei que a Santa Sé não chegasse até lá. Até tive que vender meu fuca para adquirir passagem da viagem.

- Pois bem – entrou o cardeal sem mais delonga. – temos informação de que está admitindo ao sacerdócio homens casados, aceitando ex-padres para trabalharem na sua diocese, e a liturgia não está sendo observada de acordo com as normas. Que tem a dizer sobre isso?

- Agradeço por me conceder a palavra e ter a paciência de me ouvir.

- É minha obrigação – acentuou friamente o cardeal.

- Às vezes, o Vaticano não dialoga, apenas faz monólogos. Mas, vamos ao assunto. Minha diocese situa-se na floresta e as comunidades são, na maior parte, ribeirinhas. Até minha chegada, eram povoações abandonadas à própria sorte, tanto da parte da Igreja quanto do governo. Não havia padres interessados em viver naquelas paragens, longe dos recursos e confortos da civilização. Podia eu, como representante de Jesus, deixar essas ovelhas sem pastor? Busquei nas comunidades os homens mais cristãos, justos, dedicados e respeitados. Formei-os, através de dois anos de estudos bíblicos e psicológicos, e os ordenei, sem levar em conta se eram casados ou não.

O cardeal franziu os sobrolhos, como se estivesse ouvindo o maior pecado do mundo:

- O senhor cometeu esse escândalo?!

Julião explicou:

- Para aquela gente o que importava era ter um sacerdote e líder na comunidade. Além disso, consegui cinco ex-padres interessados e idealísticos e os reintegrei, principalmente com a missão de formar os novos sacerdotes da região, gente da terra, já que era impossível mandá-los a algum Centro Teológico. A respeito da liturgia, é evidente que as tradições europeias e hábitos não fazem sentido no meio da floresta. Ao invés de órgãos eletrônicos grandiosos, temos a singeleza dos tambores; em lugar de cantos da civilização, temos o canto das matas. E o evangelho é apresentado de acordo com as necessidades de cada momento e não segundo um calendário inócuo para moradores de beira de rio.

Dom Julião silenciou e ficou olhando a face crispada do cardeal.

- Tudo errado, Monsenhor – advertiu o cardeal, tentando conter sua indignação. – Onde está a obediência às leis eclesiásticas? Como pode assim, por conta própria, jogar no lixo determinações da Santa Sé, que estão atravessando séculos? Esse mau exemplo pode prejudicar seriamente os esforços da Igreja para manter-se incólume diante do ímpeto dos avançados que querem mudar tudo, ao bel prazer, como se a Igreja fosse um feudo individual.

- Mas, está dando frutos maravilhosos, Eminência – observou o bispo.

- Isso não está em causa. O que estamos vendo é o desrespeito à hierarquia e à liturgia.

- O essencial é obedecer a Jesus e não estou fazendo nada ao contrário do que fazia o Cristo. Os apóstolos eram na maioria casados e Jesus não os excluiu. O Mestre várias vezes combateu os ritualismos dos judeus. Além disso, essas leis às quais Vossa Eminência dá tanta importância, foram criadas ao longo do tempo, assim como ao longo do tempo tantos ritos já foram desativados, por obsoletos. Deus é amor e Jesus veio anunciar o amor e não determinações burocráticas.

O cardeal reagiu intempestivamente:

- Senhor Bispo, vou suspendê-lo por desacato, desobediência, e aplicação de métodos que contrariam as normas eclesiásticas.

Visivelmente aborrecido, o cardeal retirou-se.

Dom Julião empalideceu. Não imaginava, na sua inocência florestal, que suas atitudes, que tanto bem faziam às gentes, pudessem produzir tanto estrago no Vaticano.

Retirou-se e foi conversar com seu secretário particular, por sinal um ex-padre reintegrado, a fim de comentar o episódio.

- O cardeal sequer lhe convidou para um almoço? – brincou o secretário.

- Pois, eu queria convidá-lo a nos fazer uma visita, no Alto Purus, mas não deu tempo.

Saíram da Praça de São Pedro e foram almoçar uma pastasciutta qualquer, já que o dinheiro estava curto.

Depois de visitarem alguns pontos turísticos do Vaticano e de Roma, buscaram a pensão na Via de la Conciliazione, para descanso.

O fato extravasou nas secretarias da Cúria e acabou chegando ao Papa um pedido de excomunhão do bispo.

Ao ler as razões da punição, Pedro II ficou muito interessado no assunto e mandou chamar o bispo para uma audiência particular.

Eram 16,40h, quando Dom Julião foi conduzido à sala de audiências. Aguardou de pé, ansioso, olhando todos os quadros da parede. Mas, seu pensamento revertia teimosamente para os episódios da Congregação para a Doutrina da Fé e imaginava que a má vontade, ou excesso de zelo, do cardeal entrevistador levaria o Papa a recriminá-lo e até mesmo a condená-lo. Na sua simplicidade, já se via em ritual de expulsão, tendo que entregar o báculo, a mitra, o anel, o barrete e as vestes episcopais.

Pedro II entrou com amável saudação e o bispo automaticamente ajoelhou-se para beijar o anel de pescador.

- Como vai sua missão nas matas amazônicas? – quis saber, antes de tudo, o Papa.

- Meu querido Santo Padre – começou Julião – desculpe minha falta de jeito e de etiqueta condizente com sua sublime dignidade.

- Esqueça isso tudo – gesticulou o Pontífice.

A um gesto seu, apresentou-se um cerimonioso secretário particular, ou mordomo, e o Santo Padre pediu uma cerveja.

O Papa tomou a garrafa na mão, leu o rótulo Pontifex Bier e serviu o bispo.

- Vossa Santidade está pondo cerveja na minha taça?! – espantou-se Julião.

O Sumo Pontífice sorriu:

- Não vim para ser servido, mas para servir, não foi o que disse o Mestre?

Pedro II ergueu a taça:

- Um brinde à Amazônia!

Ambos fizeram tim-tim.

- Agora, conte-me sobre sua diocese – falou o Papa, descansando a taça na mesinha.

- É muito linda a missão junto da gente simples e boa que vive nas matas, principalmente as comunidades situadas à beira dos rios. São pessoas instintivamente religiosas. É bom lidar com essa mistura de caboclos, índios e aventureiros. A crença deles é singela, mas profunda. Deus é respeitado e amado nas árvores, nas flores, nos frutos, nas águas, no céu, na chuva, em tudo. A mata é a igreja deles. Talvez se possa dizer que tem o significado das imensas catedrais europeias.

Pedro II entrou no assunto que mais o interessava:

- Fale sobre sua experiência a respeito da ordenação de homens casados, aceitação e reintegração de ex-padres, e a maneira como forma os novos sacerdotes.

Julião passou a explicar o que dissera ao cardeal da Congregação para a Doutrina da Fé.

- Esses novos sacerdotes tiveram boa aceitação?

– quis saber o Papa.

- Total, Santo Padre. São homens de bem, de índole religiosa, solidários. Conhecem a vida dos ribeirinhos e dos que vivem em meio à floresta. Estão inseridos no mundo deles.

- E o fato de serem casados?

- Santo Padre, isso é absolutamente irrelevante para aquela gente. É natural.

Pedro II refletiu por instantes, leu um trecho do documento, e indagou:

- Que tipo de liturgia é aplicada nas cerimônias e celebrações?

- Cada sacerdote, em comum acordo com os fiéis, escolhe a leitura e o evangelho que têm significado para o momento e não as indicações da Liturgia oficial, que é alheia ao que se passa no coração das pessoas. Fazemos como fazia Jesus, que pregava a mensagem que dizia respeito aos ouvintes do momento. Os cantos e os acompanhamentos musicais são feitos com instrumentos da região, pois esses tocam a sensibilidade espiritual daquela gente mais do que o estilo europeu.

- E a formação desses novos sacerdotes, como é feita?

- Santo Padre, essa era minha maior dificuldade, já que pelo sistema existente teria que mandar os candidatos para a Capital a fim de frequentarem durante anos os cursos de Filosofia, Teologia, Ascese, Psicologia, Liturgia, e os demais preparatórios ao presbiterato. Como seria possível? A solução que deu certo foi aceitar ex-padres. Com os mais experientes e cultos fizemos cursos intensivos e permanentes de formação sacerdotal. Tudo está funcionando muito bem. Desculpe, Santidade, se, com isso, estou afetando as determinações tradicionais da Santa Sé.

- Meu bom bispo – acalmou-o o Papa – admiro seu espírito inovador, sua coragem de abrir caminhos que possam responder às necessidades do seu rebanho. Continue. Estou muito interessado em acompanhar essa experiência. Mande para mim, pessoalmente, seus relatórios. Receba minha bênção especial.

Dom Julião ajoelhou-se e persignou-se ao ouvir: "Em nome do Pai e do Filho e do Espírito Santo".

Ao despedir-se, o Papa deu a Julião um crucifixo dourado.

Roschilder enfrenta o Papa

Fortalecido em suas posições, já apoiado por parcelas ponderáveis da Cúria, que via sua autonomia abalada pela centralização do Papa, o cardeal Roschilder solicitou nova audiência com o Sumo Pontífice. Não aceitava as ideias inovadoras para a

Igreja.

Pedro II determinou ao cardeal Presidente da Congregação para a Doutrina da Fé que convocasse o grupo de Roschilder e o grupo mais simpatizante às propostas papais, para uma reunião conjunta.

Assim foi feito.

Reunidos numa das salas de audiências do Palácio Apostólico, Pedro II cumprimentou cordialmente a todos:

- Agradeço terdes vindo para debater e colocar vossas opiniões sobre os novos rumos da Igreja. Estou muito contente com o interesse e a preocupação demonstrados para que tudo corra de acordo com os desejos do nosso amado Mestre Jesus. Serei um mero espectador atencioso. Há ilustres doutores de ambos os lados e assim ficarei a par do pensamento de cada corrente. Ficai à vontade. Sou todo ouvidos.

Roschilder saudou o Papa e os cardeais e começou:

- Agradecemos essa oportunidade de expormos nosso pensamento e preocupações. Há vários pontos sobre os quais, data vênia, somos frontalmente contrários e entendemos que, se estendidos à Igreja, causarão desastre. Primeiramente, não nos parece aceitável o retorno dos ex-padres, pois demonstraria ao mundo uma certa desmoralização das convicções e princípios eclesiásticos. Também, é notório e sabido que, se deixaram o sacerdócio, é porque não mais o querem. Além disso, há ex-padres indignos do ministério e outros que mantêm teologias incompatíveis com a verdade católica.

Diante do silêncio que se seguiu, levantou a mão o cardeal Honório Lavacqua, da Itália, partidário das ideias de Pedro II e usou a palavra:

- Acolhemos com respeito as objeções do eminente colega Roschilder e seu grupo. Estudar e debater temas da maior relevância é muito saudável, embora seja, até certo ponto, novidade nos hábitos do Vaticano. As ponderações de Roschilder são valiosas, mas gostaria de tecer algumas considerações. A respeito da primeira questão: se abandonaram o sacerdócio é porque não mais o desejam. Com certeza, há muitos ex-padres que não pretendem retornar, mas sabemos que há uma multidão imensa ansiosa por recomeçar a missão sacerdotal e até mesmo episcopal. Inúmeros são os que, mesmo à margem do sacerdócio, fazem parte do culto e das pregações nas paróquias. Também sabemos que há muitos que, embora casados, desejam exercer o sacerdócio.

- Permita-me ajudar Vossa Eminência, oferecendo alguns dados – aproveitou o cardeal Adalberto. - No Brasil, segundo estatística, há 8.000 ex-padres casados, sendo que, no mundo, esse montante sobe a 150.000. Hoje, esses números devem ser bem maiores. Uma quantidade imensa teve que abandonar o presbiterato, não por sua vontade, mas por contingências plenamente superáveis. Além disso, infelizmente, certas condenações beiraram à perseguição e tornaram inviável o sacerdócio para outros tantos. É de se perguntar se a Igreja tem manifestado disposição de dialogar com sacerdotes em dificuldade, auscultar seus sentimentos e saber a razão porque se sentiram coagidos a buscar outro caminho.

- Com licença – entrou rápido na conversa o cardeal Milovani – permitam-me lembrar que houve escândalos, pederastias, homossexualismos e outros males insuportáveis, causadores da deposição de sacerdotes e até de bispos e cardeais.

- Realmente – concordou Lavacqua – não há que negar. A Igreja é santa e pecadora, desde Jesus.

Schuautz interrompeu-o:

- Mas, não justifica um retorno indiscriminado.

Lavacqua voltou à carga:

- Todos os que desejam voltar ao ministério terão, segundo penso, as portas abertas das dioceses para conversar com o bispo. Exporão seus anseios, seus ideais e os motivos pelos quais querem retornar. Serão aceitos se for confirmada a pureza de intenções. As orientações virão, com certeza.

- Esses operários de segunda hora serão confiáveis? – insistiu Milovani.

- Os cristãos aceitarão? – perguntou o cardeal Agnelo Perlanghi, tentando jogar água fria na fervura.

- E mais – avançou Roschilder – depois do mal feito, ficará a nódoa para sempre. É melhor prevenir do que remediar, diz a sabedoria.

Nesse ponto, o cardeal Luigi Perventini não se conteve:

- Jesus não ensinou a misericórdia e o perdão? Por que se há de manter viva uma imagem denegrida que pode ter morrido no tempo? Não observou o Mestre que se deve perdoar até setenta vezes sete? Perdoar significa demitir o mal sedimentado na mente. Passado não é moradia, mas enciclopédia de ensinamentos. Mais do que perfeição, é justo sondar a boa vontade, as qualidades, as virtudes, a fé e o entusiasmo do pretendente. Seria o caso de trazer aqui a palavra do Nazareno: "Quem for inocente atire a primeira pedra".

Roschilder sentiu-se ferido:

- A se basear nas suas palavras, a Igreja poderá ser um covil de anomalias. Essa é a Igreja desejada?

Honório retrucou:

- Se não houvesse segunda chance, nem Pedro estaria na Igreja e menos ainda seria o primeiro Papa. Jesus não perdoou a Madalena, o Zaqueu, Mateus, e tantos outros de suas fileiras?

O debate continuou acirrado.

Esgotados os argumentos de ambas as partes, o Papa tomou a palavra e concluiu:

- Vejo com alegria o amor que ambos os grupos demonstram para com a nossa Igrcja. Muitos esclarecimentos foram feitos, muitos argumentos alinhados, isso é bom. Recolho-os para meditação e estudo. O importante é mirarmos o bem da Igreja como um todo, auscultarmos o melhor para o catolicismo em geral, e sentir o que pode, de maneira mais abrangente, contribuir para que o mundo se torne mais confiante em Deus, mais feliz e mais fraterno. Deus vos abençoe – concluiu Pedro II.

Encerrada a reunião secreta, o Papa retirou-se e os cardeais se dispersaram, cada facção continuando suas confabulações.

Mundo cristão se agita

As novas ideias aventadas por Pedro II agitaram o mundo inteiro, principalmente o catolicismo. As Associações dos Padres Casados e dos Ex-padres programaram Congresso Mundial em Roma a fim de oferecer seu pensamento à Santa Sé. Milhares de mulheres líderes marcaram encontro em Paris para remeter um dossiê ao Vaticano.

Por outro lado, várias escolas teológicas passaram a preparar teses sobre ex-padres e casamento de sacerdotes.

Uma vertente teológica debruçou-se no estudo que visava comprovar que o sacerdócio é plenamente compatível com a responsabilidade familiar, principalmente num mundo em que sobra, para o trabalho pastoral, apenas os fins de semana, já que a humanidade em geral passa o dia todo em função de compromissos materiais e profissionais. Com isso, também o sacerdote não só pode se dedicar à família, como tem condições de uma segunda atividade profissional.

Uma Faculdade de Teologia de Londres analisou as raízes históricas do apreço e valorização da virgindade e do celibato. Esse estudo avaliou inicialmente o judaísmo e deduziu que não fora ele o ponto de partida dessa crença, uma vez que, na história judaica do século primeiro, não era concebível que um mestre dessa religião deixasse de buscar a vida a dois. O descanso sabático era visto como dia de festejar a Deus, inclusive com a prática prazerosa do sexo entre os casais. Houve um ramo judeu, porém, que não via com bons olhos o sexo e as mulheres. Já os essênios, segundo os Rolos do Mar Morto e o Documento de Damasco, descoberto anteriormente, tinham por regra de vida só tomar sexualmente a mulher apenas para fins de procriação e isso depois de rigorosa prova de que era fecundável e a relação deveria ser efetuada no período fértil; conseguido o objetivo da descendência, abstinham-se de outros contatos sexuais.

Houve, ainda, uma tese da Gnosis, adotada

também por Paulo, de que o essencial no ser humano é o espírito, tido como centelha divina, procedente do Deus transcendente. De acordo com essa visão, o espírito via-se forçado a sofrer o cárcere material do corpo, razão porque este era desprezado e até fustigado. Nesse caso, a salvação estaria em rechaçar tudo que fosse material, corporal e físico. Mas, a força maior para a valorização da virgindade teria advindo do helenismo e não do judaísmo. As vestais e sacerdotisas virgens habitavam os santuários pagãos, fruto da cultura religiosa greco-romana.

Já as Conferências Religiosas espalhadas pelo mundo entraram em perplexidade, não entendendo como poderiam funcionar as Ordens Religiosas, as Congregações e Instituições Eclesiásticas, com membros casados e celibatários, dadas as consequências resultantes da família, filhos, educação, saúde e a diversidade de interesses, além da impraticabilidade da repartição da herança.

Reuniões e debates passaram a ser promovidos a portas fechadas, no Vaticano, mas sentia-se a predominância da ideia de que tudo permanecesse como está e, na pior das hipóteses, as Ordens, Congregações e Institutos eclesiásticos só tenham celibatários, e as futuras fundações religiosas sejam submetidas a estudo pela Santa Sé. Entretanto, no meio de toda a discussão generalizada, ficou o consenso de que tanto o celibato quanto a união conjugal são carismas abençoados por Deus.

Pedro II e seus conselheiros reconheceram que mexeram num imenso vespeiro.

***

Alguns meses após a posse na Cátedra de Pedro, o Papa, em entrevista a uma rede mundial de Televisão, convidou os líderes de todas as religiões para um encontro fraterno no Vaticano. Marcou para o dia 13 de fevereiro, Dia Internacional do Amor. A notícia explodiu o mundo. Vozes apaixonadas defenderam ou criticaram, festejaram ou resistiram, acharam fantástico ou abominável, previram a soma de ideais para um mundo melhor ou a fusão entre Deus e o diabo. Mas, ninguém deixou de tecer comentários no mundo inteiro.

Os Cardeais Conselheiros arregaçaram as mangas e criaram a Comissão do Dia Internacional do Amor. Todos os telefones e redes sociais do Vaticano ficaram abertos para convites e informações aos líderes do mundo espiritual do planeta. Roma começou a preparar-se para o grande evento, único na História das Religiões.

Complô

Nos subterrâneos da Igreja Católica fermentava a eclosão de um movimento contra Pedro II. Os fundamentalistas não suportavam tantas novidades, que, segundo eles, balançariam os alicerces da Igreja e ameaçariam de naufrágio a nau de Pedro.

Grupos de Sociedades Secretas planejavam algum meio, mesmo que drástico, para segurar os avanços do Papa. Não aceitavam que um mero cardeal, pelo simples fato de ser eleito Papa, pudesse arrogar-se tanta autoridade, capaz de fazer o que bem entendesse.

Conchavos escusos espalhavam verdades e mentiras pelo mundo sobre Pedro II e suas intenções. Emails e protestos e ofensas e ameaças já inundavam o Correio e os sites do Vaticano.

Os cardeais diretamente ligados ao Pontífice sofriam preocupações dolorosas, assustados com a possibilidade de distúrbios eclesiais e, pior ainda, um racha na Igreja. Um cisma, nesse momento da História humana, seria uma catástrofe inimaginável.

As ameaças mais veementes e furiosas partiam de gritos anônimos, buscando abalar a estabilidade pontifícia.

Betsaida

No dia combinado, apesar da enorme preocupação do Governo de Israel, Pedro II, os cardeais Yacob, Abbas e Avival, o bispo De Satto, e uma pequena comitiva tomaram o avião e desceram no aeroporto mais próximo de Betsaida, sendo esperados por alguns cardeais e bispos, principalmente, de Israel e Palestina, além de inúmeros sacerdotes e uma multidão que conseguiu saber da ida do Papa.

A chegada foi festa de indescritível alegria.

A notícia correu célere. Legiões imensas chegavam a Ain El-Tabighah, a velha Betsaida, primitiva Povoação do Pescador, para ver o Papa da sua terra.

Os líderes religiosos da região apressaram-se a construir uma esplanada à beira do Lago de Genezareth. A missa seria o único evento público.

Era noite fechada quando Pedro II chegou para a celebração, emocionando-se diante do cenário deslumbrante, cujas luzes se refletiam nas águas do mar.

Saudado delirantemente, o povo acompanhou piedosamente a cerimônia, cantando com entusiasmo os cantos religiosos tradicionais. Centenas de milhares de vozes ecoavam pelas águas do mar e avançavam pelas campinas da redondeza.

Lido o evangelho das Bem-aventuranças, o Pontífice falou:

"Amados irmãos e irmãs, conterrâneos queridos! Povo maravilhoso!

Quando lembro Betsaida, quando penso Betsaida, meu coração salta de alegria e de amor por essa terra em que nasci e por onde peregrinei durante tantos anos, auscultando os anseios dessa gente simples e agradável. Aqui viveu Pedro, o discípulo primeiro do Mestre; aqui viveram os apóstolos André, João, Tiago e Felipe; aqui Jesus passou seus grandes dias sobre a terra; aqui estamos nós, junto do romântico e inesquecível Mar da Galileia, de tantos milagres do divino Rabi.

Daqui podemos ver, através das campinas, com sua relva verdejante, bordada de flores silvestres, o memorável Monte das Bem-aventuranças.

Se aguçarmos os olhos do tempo, podemos ver e ouvir, ainda agora, nosso maravilhoso Mestre chamar de felizes os que guardam o coração desapegado e livre do peso da materialidade – felizes os calmos, porque esses herdarão a terra - e felizes também os que agem em prol da paz, porque serão chamados filhos de Deus. Sim, a paz dos povos e a paz no coração de cada ser humano!

E o Cristo continua jorrando palavras de sabedoria e amor: Bem-aventurados os que choram porque serão consolados; e vos digo que também são bem-aventurados aqueles que consolam os que choram e sofrem.

Ali está o amado Nazareno, dizendo, mais uma vez: Felizes os misericordiosos, porque alcançarão misericórdia. Sim, meus amados e minhas amadas, misericórdia era o que queria Jesus, perdão ensinava ele, compaixão pedia ele para com os menos favorecidos. Mais do que isso, amor, amor, amor - apregoava o Cristo. E todos nós sonhamos com uma humanidade sem armas, sem guerras, sem exploração, sem violência, mas com muita justiça, principalmente para os oprimidos e calcados pela prepotência dos que se arrogam ser donos do mundo. O mundo é do Criador e nós somos hóspedes, estamos aqui de passagem.

Não quero cansar-vos nesta noite, que eu desejava singela, mas que se tornou grandiosa, graças ao vosso carinho.

Peço, com todas as forças e ânsias do meu coração, ao nosso amado Senhor, aos inesquecíveis Pedro, André, João, Felipe e Tiago, dessa terra imortal, uma grande bênção para vossa saúde, para a cura das vossas enfermidades, assim como aqui ele curou o cego e todas as pessoas que a ele acorreram. Suplico uma bênção especial para que o amor ilumine sempre o vosso coração, traga paz às vossas famílias e fim para os conflitos desse recanto lindo do nosso planeta comum. Onde quer que estejamos, sintamonos em nossa casa comum e nos unamos em gestos de fraternidade. Todos somos irmãos. Irmãos, que bela palavra!

Agradeço essa amorosa convivência, embora tão breve. E lá, na distante Roma, as portas da grande casa, que momentaneamente habito, estarão sempre abertas, como aberto está o meu coração. Amém".

As palavras do Sumo Pontífice foram acolhidas com estridente salva de palmas e gritos de incontida euforia. Muitos ouviram até a harpa encantada do Lago elevar arpejos maviosos de alegria.

- O Mar da Galileia – explicava o cardeal Yacob ao bispo de Satto - é também chamado, desde tempos imemoriais, de Lago de Kinneret, cuja palavra tem origem no termo kinnor, que, em hebraico, significa harpa. Uns dizem que é porque o lago tem a forma de uma harpa; outros se fixam na lenda de que o suave som de suas ondas lembra o harpejo de uma harpa.

Após a missa, Pedro II foi conduzido ao aeroporto e retornou ao Vaticano.

O sofrimento

Apesar das manchetes simpáticas que ocuparam as páginas de todos os jornais do mundo, no Vaticano as vozes oposicionistas se acirravam cada vez mais. Um medo crescente perturbava as mentes mais conservadoras, sempre surpreendidas com os ímpetos imprevisíveis do Papa.

- Qual será a próxima aventura? – comentavam à surdina.

– Parece que está querendo virar a Igreja pelo avesso! – dizia-se pelos cantos mais obscuros do Vaticano, por onde transitavam invisíveis fundamentalistas radicais.

Entristecido com tanta turbulência provocada por setores duros da Igreja, Pedro II passava noites insones, tentando encontrar uma Luz que pudesse clarificar o momento atual da humanidade e apontar o caminho certo para o futuro do cristianismo e da humanidade. Sabia que ninguém no mundo usaria trajes da Idade Média, por que então iriam apreciar e vivenciar hábitos arraigados de um passado tão remoto? Suas intenções eram ou não provindas do Espírito Santo? Estava o Mestre com ele, como prometera, ou já havia se aposentado? Por que alguns setores da Igreja eram tão renitentes a avanços indispensáveis a um mundo em evolução acelerada?

As longas meditações sobre o bem ou o mal que estaria prestando à Igreja começaram a pôr-lhe dúvidas sobre a legitimidade de suas concepções e sobre o acerto das medidas que passara a tomar. Seu entusiasmo pela construção da Era do Amor estava sendo depredado pela incompreensão de pessoas travadas no tempo e no espaço.

- E se me demitisse? – angustiava-se. – Afinal, por que não poderia imitar o Celestino V, que renunciara em 1294, não se considerando capaz de exercer o pontificado? Por que não ofereço o meu pontificado de volta à Igreja, como o fizera Gregório XII? Se João Paulo II, doente e sobrecarregado pelos problemas de um século difícil – segundo seu testamento - pensou em demitir-se, aos 80 anos, não posso eu entregar a chave para outro?

O sofrimento e a decepção de sentir-se acuado por ideologias pesadas que fermentavam nos porões da Igreja enchiam de amargura o seu coração. Não deveria ser ela o jardim do amor e da paz? Sim, reconhecia, milhões de fiéis sintonizavam com seus ideais; milhões oravam por ele; mesmo assim ganhava força, de vez em quando, a ideia de abandonar o Vaticano. Sua mente girava em busca de uma saída, enquanto seus sentimentos vagavam, sempre pairando na tranquilidade do Mar da Galileia, que havia deixado.

O cardeal Abbas Anisan, secretário particular do Papa, seu amigo de velhos tempos, e os cardeais mais achegados, estavam muito aflitos com o estado psicológico de Pedro II e cuidavam de mantê-lo, tanto quanto possível, sob vigilância, no intuito de ajudá-lo a superar a crise que enfrentava.

Abbas, em certo momento, confidenciou-lhe que recordasse o evangelho da tempestade no Mar da Galileia.

- Os discípulos – lembrava ele - apesar de afeitos aos temporais do mar, aquelas tempestades que surgiam, às vezes de repente, vindas dos precipícios e ladeiras do Monte Hérmon, sentiram-se impotentes para evitar o naufrágio, quando, então, no auge do desespero, apelaram para Jesus, que dormia na popa. O Nazareno acalmou as ondas, serenou os ventos. e reclamou: "Por que temestes, homens de pouca fé?"

Pedro quedou-se silencioso, com o coração agradecido às palavras do amigo.

Depois, murmurou:

- Que estarei eu fazendo de pernicioso? O mundo anseia por uma Igreja sadia, aberta, atual, feliz, mostrando o reino dos céus à humanidade; e não é isso que buscamos realizar? Nosso amado Mestre tanto insistiu por um reino de amor; e não é este o caminho que desejamos abrir?

Abbas anuiu:

- Vossa Santidade tem razão. La Fontaine dizia: "Não falar ao seu século é falar a surdos".

- É claro que a Igreja de todos os tempos é um universo de grandeza sem par, possui cabedal de imensa sabedoria, gerou homens de valor transcendental. Nunca duvidei de que a Luz divina é o farol que acena o caminho. Mas temos que apontar o farol para os navegantes de hoje.

- Jesus ensinou que pelos frutos se conhece a árvore – arrazoou Abbas. – Mas é preciso esperar os frutos e não matar a semente antes do nascedouro.

- Parece que é o que querem fazer – ponderou Pedro.

A fuga

A gota d´água foi o aviso secreto passado ao Papa de que um complô de fanáticos pretendia, em breve, eliminá-lo. A ameaça vinha de subterrâneos eclesiásticos, os executores não se sabia de onde.

- Que mundo é esse – amargurava-se Pedro – que vive nas sombras da maldade e brande os punhos contra mim?! Que aresta de Igreja é esta que não suporta novos ventos, novos caminhos?! Que gente é esta que não titubeia em destruir quando suas ideologias radicais são sacudidas?!

Deixando cair o peso do seu corpo no encosto da poltrona, o Pontífice sentiu uma triturante solidão espremer-lhe a alma.

- Onde está o meu Deus que me manda dizer-lhe, no salmo 90, que é meu refúgio, minha cidadela, meu escudo de proteção? Aqui estou abandonado, caído, derrotado, à espera desse Deus!

Olhando para o alto, Pedro vê Jesus pregado na cruz.

- Esse é teu recado? Não sou sequer um décimo da tua grandeza para abraçar a cruz como tu o fizeste!

Debruçou-se sobre a mesa, fechou os olhos, e exclamou para si mesmo:

- Estou em frangalhos! Traidores e malfeitores

dentro da própria casa!

O intenso sofrimento e a tribulação mortal ofuscaram-lhe a lucidez e, na calada da noite, Pedro II abandonou o barco. Abalado, como Jesus no Getsêmani, não resistiu à pressão e, de madrugada, vestido como simples camponês, esgueirou-se pelos fundos do complexo do Vaticano, e pegou a Via Áppia, com lágrimas nos olhos. Caminhou a passos largos por vários quilômetros, até que o cansaço e o sono o derrubaram à beira do caminho, sob o copado de algumas árvores.

De repente, Jesus aproximou-se dele, mirando-o com olhos de mansidão e piedade. Sua luz tingiu suavemente aquele corpo pesadamente adormecido.

O Galileu acordou sobressaltado:

- Onde vais, Senhor? – perguntou, entre surpreso e perplexo.

- Vou a Roma – disse-lhe Jesus.

- Fazer o quê?! – surpreendeu-se Pedro II.

- Assumir o teu lugar, já que lá te coloquei e tu abandonaste o barco.

O Galileu baixou a cabeça, suspirou fundo, e desandou num choro convulso.

- Perdoa-me, Senhor! – murmurou.

- Sim, meu bom amigo, sabes que perdoei o Pedro; por que não haveria de compreender e perdoar teu gesto? Mas, por que temes? Não percebes que estou junto de ti, como estive na barca que ameaçava soçobrar naquela noite de tempestade?

O Galileu enxugou as lágrimas, olhou a brandura do rosto de Jesus, e perguntou, um tanto indeciso:

- Prometes que estarás comigo no barco?

- Sempre. Não lembras que afirmei: "Estarei convosco todos os dias até o fim dos tempos?"

- Mas, a situação na colina está por demais pesada. Tu disseste que teu peso é leve, no entanto não é isso que está acontecendo comigo. Querem matarme.

- Meu bom discípulo, tomaste o nome de Pedro e não recordas que assegurei que as portas do inferno não prevalecerão jamais?

Pedro fixou os olhos no peito do Mestre e viu a luz diáfana que jorrava sobre si. Não resistiu e exclamou decidido:

- Voltarei, meu amado Senhor!

Nesse instante, remexeu-se Pedro II sob o copado das árvores, e não soube explicar a si mesmo se tudo fora sonho ou realidade. Não seria a relembrança do Quo Vadis? Mas, o que importava era que seu coração estava inflamado de entusiasmo, ao mesmo tempo que a paz do Lago de Genezareth amainava sua alma.

Mais do que depressa tomou o caminho de regresso.

Quando o horizonte refletiu os primeiros albores da alvorada, Pedro II jazia imerso em profunda meditação, diante do lindo quadro do Cristo acalmando a tempestade.

***

Quanto mais a fama do Pontífice corria o mundo, maiores eram as aglomerações para vê-lo na Praça de São Pedro. Nessas ocasiões, ao invés de transmitir doutrina, o Papa deixava seu coração derramar palavras carinhosas de fé e de amor.

Nas audiências realizadas no Auditório Paulo VI, com capacidade para 6.300 pessoas, o Santo Padre procurava animar e motivar os presentes a fim de acreditarem que a fé remove montanhas e que Jesus continua dizendo: "Vinde a mim vós todos que vos achais aflitos, oprimidos e sobrecarregados, que eu vos aliviarei".

Tem sido constante nas suas falas a mensagem de convite para que aconteça no mundo a Era do Amor.

***

Depois do retorno da Via Áppia, fato desconhecido de todos, o cardeal Abbas, Yacob Levy e vários assessores não escondiam a surpresa e a alegria de verem Pedro II sempre animado, feliz e iluminado por uma fé inquebrantável.

***

Aproximava-se o dia do Encontro das Religiões. Todas as grandes Religiões da História, a budista, a maometana, a judaica, e as vertentes cristãs do luteranismo, anglicanismo, calvinismo, Assembleia de Deus, evangélicas, pentecostais, espiritismo, testemunhas de Jeová, evangelho quadrangular, mais as correntes africanas do candomblé, umbanda, quimbanda, também as hindus e asiáticas, enfim, seja por boa vontade ou por curiosidade, inúmeras denominações religiosas prometeram presença. Embora não fosse possível todos usarem da palavra, pelo menos estavam ansiosos sobre o que iria acontecer.

Encontro de religiões

No dia 13 de fevereiro, Roma deu as boas-vindas aos líderes religiosos, com sinos badalando, foguetes e uma banda de quinhentos músicos inundando a Praça de São Pedro com melodias alegres. A ONU se fez presente com observadores, interessada que estava na paz mundial. Um exército de repórteres e canais de televisão encontraram seus espaços reservados.

Às dezoito horas, os mais variados grupos espiritualistas foram tomando assento no grande Auditório Paulo VI.

A Orquestra Sinfônica executava músicas religiosas de todos os tempos. Uma das mais aplaudidas foi a famosa música do naufrágio do navio Titanic: *Mais Perto do Meu Deus*. Milhares de vozes cantaram improvisadamente ao som da orquestra.

Às dezoito e trinta, as cadeiras do palco foram ocupadas por convidados especiais.

Por último, surgiu Pedro II, vestido com singela batina branca, sendo recebido com intensa salva de palmas.

O mestre-de-cerimônias, ao microfone, fez a saudação inicial, agradeceu a presença de todos, e convidou os presentes a ouvirem o Hino da Alegria, de Beethoven, enquanto pedissem a Deus bênçãos para o encontro. A orquestra, acompanhada por vibrante coro, emocionou a plateia.

Em seguida, o locutor passou a palavra ao Sumo Pontífice.

Pedro II levantou-se e, muito à vontade, sem papel nenhum, esboçando sorriso amoroso, passou a falar:

" Meus queridos irmãos e irmãs!

Sinto-me, neste momento, como Simeão, quando viu Jesus no templo. Permiti-me que deixe extravasar meu coração de alegria e de amor por vós. Que gesto bonito esse de terdes vindo aqui para orarmos juntos e dizermos ao mundo que acreditamos numa nova Era de Amor!

Queremos erguer a bandeira da fraternidade universal. Não mais a violência, a barbárie e o ódio que estão contaminando a família humana.

Quero dizer-vos singelamente que esse encontro não é mérito meu, mas vosso, pois nada aconteceria se não tivésseis vindo. Não nos impele nenhuma intenção de proselitismo e nem de catequética. Apenas queremos dizer ao mundo que o amor começa em casa, entre todos nós que pregamos a mensagem do Pai Celestial. Os ideais são muitos e variados, mas o Deus é o mesmo.

Queremos proclamar humildemente à humanidade que somos capazes de aceitar as possíveis divergências doutrinárias e nos congraçarmos nas convergências que nos estimulam a sermos semeadores da boa semente do amor, da paz e da justiça entre os povos.

Todos nossos fundadores sonharam com um mundo de amor. O Pai Celestial criou por amor todos os seres, e reconhecemos que o amor é tudo. Como dizia Jesus, é a síntese da Lei e os profetas. É a verdade maior. É a essência da humanidade e do universo.

Sidarta Gautama também dizia: "Jamais em

todo mundo o ódio acabou com o ódio; o que acaba com o ódio é o amor".

A sabedoria judaica põe na boca de Salomão, como se lê em Provérbios: "O amor cobre todas as ofensas".

Se buscarmos os sábios da Ásia, ouviremos Lao-tsé dizer: "Pagai o mal com o bem, porque o amor é vitorioso no ataque e invulnerável na defesa".

Se formos à Índia, ouviremos Mahatma Gandhi afirmar: "Dai-me um povo que acredita no amor e vereis a felicidade sobre a Terra".

E a sabedoria africana acentua: "É melhor ser amado do que temido". Eis uma frase que se contrapõe com o velho preceito latino: "Si vis pacem, para bellum", muito usado e praticado ainda hoje: "Se queres a paz, prepara a guerra".

O grande problema da atualidade é o exercício da confiança e da sinceridade entre os responsáveis pelo poder. Muitos países confiam desconfiando. O amor é a solução. A descoberta simples e verdadeira de que todos somos irmãos, nesse planeta, mudará a face da terra.

Meus amados, minhas amadas, recebei meu abraço caloroso e o mais puro e sincero desejo de que vos sintais bem aqui. Somos todos partícipes do reino de Deus.

Unamo-nos no amor e levemos amor ao mundo. Algumas gotas de amor derramadas todos os dias no coração dos seres humanos poderão desencadear a enchente do amor na humanidade.

Que a bênção de Deus se derrame sobre nós e nos una a todos! Amém".

As palmas, que interrompiam seguidamente as palavras do Papa, tornaram-se ensurdecedoras ao final de sua mensagem.

Em seguida, falou o Dalai-Lama, trazendo sonhos de amor, compaixão e boa vontade para o coração dos homens.

As palavras do líder islâmico sintonizaram com as intenções de que nasça no mundo a Era do Amor, mas um amor legítimo, que ponha o coração na língua e traduza a verdade das intenções entre os povos.

O Rabino citou frases importantes da bíblia e disse do seu imenso desejo e do seu povo de que o amor consiga aparar as arestas, desfazer as diferenças, apagar os ódios, derrubar os muros, e inaugurar a mais linda era humana.

Falaram, ainda, líderes de algumas denominações religiosas. Todos, cada um a seu modo, salientaram o desejo ardente de que comece a acontecer no mundo a Era do Amor.

Ao final, muito entusiasmo e alegria.

Era por volta de vinte e uma horas. O locutor agradeceu a presença e convidou a todos para um jantar festivo na Praça, oferecimento do Governo Italiano. O crachá valeria como passaporte para a ceia.

As mesas alinhavam-se nos espaços entre o obelisco e a escadaria de São Pedro. Na frente da igreja, um grande palco onde a orquestra passou a executar músicas de todos os continentes. Conforme a música, surgiam grupos de danças, com trajes típicos, que empolgavam os comensais. Uma barreira impedia o público de avançar para o espaço dos convidados, mas podiam muito bem ver todo o cenário e apreciar as apresentações. À meia-noite, a festa foi encerrada com um espetáculo de fogos de artifício, permanecendo no céu apenas uma frase luminosa em laser: Era do Amor.

Conjuração

*N*aquela noite, o Defensor confabulava com Oviedo, no terraço superior do Castel Sant´Angelo. Encostados no muro, contemplavam o rio Tibre e alongavam os olhos por sobre os telhados da velha Roma de tantos Papas.

Oviedo voltou os olhos para a visão da igreja de São Pedro, vislumbrando a eloquente cúpula, e sentiu escorrer pela mente uma profunda insatisfação sobre os rumos do Vaticano.

Cioso da preservação da cristalinidade da doutrina, verberava duramente Pedro II e se fazia porta-voz da Ordem Secreta de Defesa da Fé e Costumes, principalmente aquela que mantinha sede na Espanha.

Continuando a olhar para o domo superior da basílica, comentou:

- Veja lá, Eminência, a grande cúpula de São Pedro, símbolo de uma Igreja que deve sempre apontar para o alto, para as dimensões do Infinito. Mas, o que vemos hoje?

- Estamos assistindo o esfacelamento da Pedra de Pedro – começou o Defensor, batendo no ombro do seu interlocutor. – A Igreja, como um todo, acredita que o cargo de Sumo Pontífice é monárquico e vitalício. Além disso, não é cargo que possa admitir censura ou fiscalização, já que o Santo Padre é considerado emissário de Deus.

- Esse é o grande perigo. Sem censura, sem oposição, sem limites, basta uma cabeça mal-aventurada para que a desgraça se estabeleça – refletiu gravemente Oviedo.

O Defensor completou:

- E depois do mal feito, quem recolherá as penas esparramadas pelo mundo?

Oviedo investiu, de rosto tenso:

- Essa reunião com esse bando de seitas hereges e avessas ao evangelho, só vai trazer confusão no rebanho. Uma catástrofe. Bom senso zero.

- Vero, vero! Como saberá o cristão quem é quem? Como saberá onde está a Verdade? Qual é o templo do Deus verdadeiro?! Uma tragédia! – exclamou o misterioso Defensor.

- Até onde irá o destempero do Papa?! – xingou Oviedo.

O Defensor enterrou a mão direita no queixo e conjeturou:

- Se o Chefe continuar trocando os pés pelas mãos, a Igreja sofrerá um revés tremendo e talvez nunca mais recupere sua credibilidade e grandeza.

Oviedo beirou ao delírio:

- Quem pode duvidar que essa tal de viagem a Galileia não seria para arquitetar a transferência do Papado para Jerusalém?

- Sabe-se lá! – resmungou o Defensor.

Oviedo voltou-se decidido para o colega:

- A Ordem Secreta de Defesa da Fé e Costumes está tratando do assunto e prepara-se para uma investida contra o Pedro Aventureiro. Já havia arquitetado o golpe algum tempo atrás, mas falhou.

O Defensor amainou a verborreia agressiva:

- Vamos aguardar mais um pouco, antes de qualquer medida drástica, porque essa também pode fazer o mundo tremer e desmoralizar a própria Igreja que queremos salvar.

Diante de passos que se aproximavam, o Defensor e Oviedo desapareceram na escuridão.

***

Pedro II novamente encontrou-se com o cardeal Secretário de Estado, seu amigo fiel, para um diálogo.

- Como foi a repercussão do encontro com as Religiões? – quis saber o Papa.

- Santidade – começou o cardeal Yacob Levy – tanto os participantes quanto os veículos de comunicação do mundo manifestaram aprovação e traçaram palavras de incentivo, na esperança de que comece a nascer um mundo mais justo e mais amoroso. Inicialmente, houve bispos e pastores de Igrejas evangélicas que demonstraram dúvida sobre as intenções do Vaticano. Alguns chegaram a aventar a hipótese de ser manobra da Santa Sé para aliciar as religiões, ou pelo menos seus adeptos, para o catolicismo. Mas, ao final, o consenso geral era de absoluta aprovação e desejo de contribuir para um mundo mais humano.

Pedro lançou um olhar vago pela janela do Palácio Apostólico, deixando que seus pensamentos voassem livremente para alguma região perdida no tempo e no espaço.

Yacob permaneceu silencioso.

Por fim, o Galileu abriu seu pensamento:

- Estou desejando anunciar um concílio ecumênico ou um sínodo dos bispos, para auscultar mais amplamente o pensamento da Igreja.

- Talvez seja mais oportuno um sínodo, porque um concílio ecumênico dá à reunião geral do episcopado forte poder decisório. É a segunda voz mais alta da Igreja. Ali fala o Magistério da Igreja. Já um sínodo, ideia criada por Paulo VI, reúne apenas uma representação episcopal, sem força jurídica. Tem, em última análise, a missão de ajudar o Sumo Pontífice a resolver questões da Igreja.

Pedro resolveu:

- Sim, é preferível um sínodo. É mais leve. Como é tradição, reuniremos representantes da Igreja espalhados pelo mundo, bispos que vivem em situações diferentes, num mundo diferente, com problemas diferentes e com visão e ideologia diferentes. Também convidaremos teólogos e teólogas de renome. Desse amálgama, é mais fácil extrair o pensamento comum e mais abrangente.

Por fim, o Pontífice solicitou a Yacob que dialogasse com a Sagrada Congregação para a Fé a respeito da convocação do sínodo.

Visita privada

Era um domingo primaveril. Pedro II chamou seu motorista particular e, às escondidas, em vestes simples, percorreu as ruas de Roma para um visita de surpresa à Casa São Francisco de Assis. As irmãs quase desmaiaram ao verem o Papa descer do automóvel, sem acompanhamento e sem aviso oficial. Sentou-se o Pontífice num banco do pátio e, desde logo, viu-se cercado por um bando de adolescentes. Vencida a timidez inicial, a conversa com o Santo Padre ficou animada, entrecortada de risos e brincadeiras. Todas adoraram as palavras do Pontífice, palavras de carinho, de ânimo, de valorização, lembrando que não são seres à margem da sociedade, mas filhas de Deus, abençoadas pelo Pai Celestial, e que têm um lindo destino a cumprir na vida. Por fim, o Papa se despediu da adolescentada, cumprimentou uma a uma as irmãs e, diante da solicitação se desejava celebrar missa, respondeu:

- Não, essa não é uma visita espiritual, mas fraterna. E, por isso mesmo, não deixa de ser uma bela oração. Lembrem-se, queridas irmãs, que viver uma vida feliz é a melhor oração e o mais perfeito exemplo.

Tão sigilosamente quanto chegou, partiu e desapareceu.

No Vaticano, tudo calmo. Só mais tarde, quando a notícia vazou, Pedro recebeu recomendações da

Guarda Suíça para ser avisada a fim de ser preservada sua integridade física. O Papa sorriu. Acreditava mais no amor.

- A bondade não carece de proteção – brincou ele.

Férias e neves

O período de calor mais intenso em Roma é reservado para as férias do Papa. Castel Gandolfo, localidade situada a 30 km de Roma, às margens do Lago Albano, tem sido o local preferido pelos papas, a partir de Urbano VIII. O palácio fora construído pela família Gandulfi, por volta do ano 1.200. Passou por vários proprietários e, em 1596, foi entregue ao Papa Clemente VIII como pagamento de uma dívida ao Vaticano. Em 1640, tornou-se propriedade da Santa Sé.

Urbano VIII transformou a velha fortaleza em sua residência de verão. Com o Tratado Lateranense, em 1929, ficou definitivamente propriedade do Vaticano, que, posteriormente, adquiriu ainda o complexo Barberini e mais algumas terras vizinhas a fim de aproveitar o espaço para exploração agrícola.

O Lago Albano, junto do qual assenta o palácio do Papa, tem superfície de 6 km², formado por duas crateras do envelhecido vulcão do Lazio. É chamado de Lago Albano pela cor azul-turquesa das águas. Situado a 293 metros acima do nível do mar, possui clima muito ameno no verão e as terras são favoráveis à agricultura. Era região frequentada pelos nobres romanos ainda nos tempos do império. Vários construíram castelos, daí ser chamada região dos Castelli Romani.

Próximo ao Lago Albano, situa-se o Lago Nemi.

Os Papas atuais aproveitam o palácio não apenas no período de verão. Há aproximadamente 60 funcionários, entre jardineiros, agricultores, tratadores de árvores, eletricistas, cozinheiros e pessoal da manutenção. O palácio é usado também para audiências papais.

Pedro II passou alguns dias em Castel Gandolfo e, então, lembrando os velhos tempos em que esquiava no Monte Hérmon, resolveu convidar um grupo de amigos e amigas e rumaram para o Glaciar de Adamello, onde desfrutaram dias maravilhosos esquiando, escalando, e visitando lugares pitorescos. A simplicidade e alegria do Galileu eram admiradas por todos. Insígnias e títulos cediam lugar ao lado humano e singelo daquele ser guindado à dimensão mais alta das dignidades. Como dizia ele, citando Goethe: "Por baixo das roupas, todos estamos nus", significando que todos os homens são iguais diante de Deus. E acrescentava: "Deus est solus scrutator cordium", explicando: Deus não olha o rosto, mas perscruta o coração.

Numa dessas manhãs esplendorosas, Pedro II desafiou os presentes a subirem até o local onde o Papa João Paulo II havia erguido um altar.

- Vamos lá – festejaram todos.

- Lembrem que aquele ponto fica a três mil metros de altitude! Quem não resistir à aventura, aproveite as maravilhas que existem aqui por perto.

O grupo era de dez pessoas.

Preparados os mochileiros que levariam alimento, material de escalada e o necessário para a missa, iniciaram a caminhada. Tiveram que enfrentar alguns desafios. À medida que avançavam, a neve parecia imenso lençol branco estendido sobre a montanha. Mas, os ânimos jamais arrefeceram. O privilégio inaudito de terem o Papa no seu meio era uma motivação irresistível. Todos faziam questão de marchar ao seu lado, não só pela disposição e vontade de ajudá-lo se necessário fosse, mas principalmente para colher o encanto de suas palavras.

Graças a certas trilhas já abertas, conseguiram chegar ao topo perto do meio-dia. Todos preferiram fazer a oração da missa no altar de João Paulo II antes da refeição. Seria como oferecer as primícias da aventura a Deus.

Pedro II paramentou-se e agradeceu ao Pai Celestial a alegria de poder trazer àquela maravilha fantástica e emocionante da natureza o próprio Jesus.

Lucíola

Na última noite, animada pela simplicidade do Papa, a bela e elegante Lucíola convidou-o para esquiarem à luz do luar refletido na neve. Estava fascinada por aquela figura deslumbrante, sempre irradiando simpatia e sabedoria.

Pedro sorriu, pensou, mediu o tamanho da solicitação, e respondeu:

- Que bom ouvir essas palavras de você! Ser convidado para momentos de enlevo com a natureza, com o lúdico e com uma companhia agradável, é muito benfazejo.

- Posso considerar aceito o convite? – sorriu a moça.

Pedro brincou:

- Não falei isso. Apenas estava agradecendo seu agradável desejo. Não significa aceitação.

- Por que não? – insistiu Lucíola.

- Porque, por mais que tente me desligar do Papa, a tiara pesa-me na cabeça.

- Um Papa não é criatura humana? Seria um anjo mandado do céu para iluminar a Igreja e o mundo? – alfinetou ela, em tom cordial.

- Você sabe que para muitas mentes rígidas, uma situação dessas pode ser motivo de escândalo.

- Curtir a beleza criada por Deus, esquiar na neve, conversar coisas boas, divertir-se ao som das estrelas, sentir o luar beijando o lençol branco das montanhas, por acaso há mal nisso? Ou é reconhecimento à bondade do Criador?

Pedro concordou:

- Bem sei que você tem razão. Mas, infelizmente, o Vaticano é uma espécie de presídio do coração. Exige a reclusão dos afetos, dos prazeres, das alegrias e de tudo que é lúdico.

Lucíola aproveitou:

- Meu caríssimo Santo Padre, a Igreja sabe muito bem que o cargo de Sumo Pontífice é pesado, difícil, abarrotado de agendas e compromissos, obriga a dolorosas responsabilidades, nada pode ser dito sem profundos significados; e deve saber também que tensões acumuladas geram estresse, que, por sua vez, abate o sistema imunológico e, em consequência, aquela rocha de Pedro desanda em sérios problemas de saúde, que acabam afetando o bom andamento da Igreja e a presença do Papa no mundo.

- Também é verdade, Lucíola.

- Já que me permite livre conversa – voltou à carga a moça – gostaria que me traçasse o perfil de Jesus. Eu tenho curso de Filosofia, Teologia e Exegese. Vejo nitidamente em Jesus o lado divino e o lado humano e, por isso mesmo, não posso entender que haja conflito ou separação entre o filho do homem e o filho de Deus, de tal sorte que a atitude dele é exemplo de equilíbrio entre todas as instâncias do ser humano. Então, vamos vê-lo no banquete do casamento de Caná, participando da festa e até transformando água em vinho para a alegria dos comensais. Lá está ele aceitando o convite de Simão para jantar na casa do homem. Se eu não sou considerada pessoa à altura, lembro que ele aceitou o convite para banquete na casa de Zaqueu, homem tido como pecador e explorador de impostos. Quantas vezes se hospedou na casa de seus amigos Lázaro, Marta e Maria? Escalou o Monte Tabor, o Monte das Bemaventuranças, navegou pelas águas do Mar da Galileia, e abençoava a presença das mulheres nas suas caminhadas. Longe de mim ditar conhecimentos a uma pessoa da grandeza de Vossa Santidade. Estou apenas brincando de Exegese, já que este é momento de férias e descontração.

- Você é muito inteligente e perspicaz – elogiou-a o Galileu.

- Sentir-me-ia muito feliz se me desse o prazer e o privilégio de estarmos juntos nessa noite, a última noite dessas férias.

- Há dois Pedros falando em meu coração: o Pedro do Vaticano e o Pedro pescador de Betsaida. O do Vaticano é mais forte. Sinto muito não poder esquiar com você nessa noite.

- Não tenho certeza que o Pedro II venceu o Pedro de Betsaida. Subirei às neves essa noite e estarei à sua espera, escutando as estrelas e conversando com o Criador.

Pedro II sorriu e se dirigiu à sala de jantar. Era a última noite. Muita alegria e, desde já, bastante saudade.

Na hora de deitar, Pedro não conseguia desligar a mente daquele convite. Por que haveria de negar-lhe momentos tão felizes? Por que haveria uma barreira entre o humano e o divino? Por que a mentalidade do mundo exigiria isolamento que nada tem a ver com os ensinamentos do Mestre? Lembrou a famosa frase da Madre Tereza de Calcutá: "Não devemos permitir que alguém saia da nossa presença sem se sentir melhor e mais feliz".

***

Lucíola deslizava suavemente de esqui no Vale Nevado. Era uma noite especial. As estrelas cintilavam alegres, a lua estendia seu manto de luz marmórea sobre as montanhas e a moça contemplava a imensidão das galáxias, sentindo o brando pulsar do seu coração.

Vez por outra, olhava para o bosque de onde poderia surgir o Pontífice. Não o Papa – corrigia-se ela – o amigo.

Quem quer ser o primeiro seja o último – lembrava ela as palavras do Cristo. Ele, o Primeiro, poderia nessa noite ser não o último, mas um igual.

O tempo passava e só surgia, vez por outra, algum cervo andarilho.

Era já noite alta, quando deu com uma cerva deitada, dando de mamar a um lindo filhotinho. Que momento amoroso! Contemplava encantada essa cena toda feita de meiguice e amor.

Levou um susto quando uma voz soou atrás de si.

Era Pedro. O Grande. O Segundo. A voz mais alta da Igreja. Mas, naquele instante, apenas o Pedro de Betsaida, sem as insígnias do Vaticano. O pescador.

- Oh, veio! Que maravilha! Meu coração está pulando de felicidade.

- Desafio você a uma esquiada vigorosa vale abaixo. Vamos?

- Vamos! – gritou ela.

E ambos se lançaram pelo vale, rindo e gritando o grito das montanhas.

Pedro deixou que a moça chegasse antes, por pura condescendência.

Continuaram a esquiar noite a dentro, como duas crianças felizes.

- Se não vos tornardes como as crianças, não entrareis no reino dos céus – lembrou ele, em certo momento.

Já cansados, sentaram e brindaram um vinho especial, que Lucíola havia trazido.

O vinho esquentou os corpos e as mentes. E a conversa deslizou tão suave quanto os esquis na neve.

- Obrigado por ter vindo – agradeceu a moça. – A lógica me dizia que não viria, mas o coração ficava sempre na expectativa. O coração nunca desiste. De mais a mais, como dizia Blaise Pascal: "O coração tem razões que a própria razão desconhece".

- Já que você apela para citações, lembro o escritor, filósofo e teólogo espanhol Baltasar Gracián, que viveu de 1601 a 1658. Influenciou François de La Rochefoucauld, Schopenhauer, Nietzsche, Voltaire, Lacan, e outros. Escreveu ele: "Confie em seu coração. Nunca deixe de ouvi-lo. Ele é o oráculo que costuma predizer o mais importante".

- Posso completar, dizendo que o amor, cujo hábitat é o coração, sempre vence. Há um ditado que diz: "O amor vence tudo".

- Amor víncit ómnia – é o que se diz em latim – sorriu Pedro. – O amor vence tudo. Por sinal, o Mestre ensinou que "o amor é tudo, é a síntese da lei e os profetas". E aconselhou: "Amai-vos uns aos outros assim como eu vos tenho amado!" Se eu não viesse, estaria permitindo que o preconceito e o medo da crítica dominassem minhas verdades. Há certas distorções da vida que tornam mais conturbada a caminhada humana.

Lucíola apontou:

- E a Igreja tem um pouco de culpa, pois deixou de lado a Lei maior ensinada por Jesus e fixou-se em outros valores menores, dando-lhes a primazia que não lhes é devida.

- Você não deixa de ter certa razão - anuiu o Galileu. - O amor, como princípio, meio e fim de tudo, como a dimensão maior do céu e da terra, como essência do ser humano, como razão de ser da própria Igreja e do mundo, cedeu espaço ao sacrifício, à renúncia, à penitência e à vida reclusa. Em si mesmas, essas virtudes são vazias. Só têm sentido e se engrandecem quando são iluminadas e impelidas pelo amor que se expressa em alguma finalidade benfazeja.

- É verdade. Sacrifício apenas pelo sacrifício é masoquismo. Exigir renúncia apenas pela renúncia, é sadismo.

Pedro sorveu mais um gole de vinho e contou:

- Li, certa vez, essa história: Um homem muito simples se aproximou de Santo Agostinho e lhe perguntou: "O que devo fazer? Não sou instruído, por isso responda-me em poucas e curtas palavras: Que devo fazer?". Santo Agostinho respondeu-lhe: "Nesse caso, há apenas uma coisa a ser dita: Ame. E tudo que fizer será certo". Muito sábia a resposta de Agostinho. Amar é tudo. Amar é a melhor oração, é ter o Pai no coração, é acreditar que cada ser humano é parte de si, é descobrir que o universo é feito da mesma energia de que é feita a criatura humana.

Pedro seguiu com os olhos a luz diáfana da lua e acrescentou:

- Amor, minha amiga, é luz e a luz, por sua própria natureza, elimina as trevas. É por isso que nosso querido Mestre proclamou que o amor perdoa todos os pecados.

- Que lindo! – exclamou Lucíola.

Tomou o cálice com vinho e fez tintim na taça de Pedro:

- Um brinde ao Criador do amor!

Um sorriso aberto aflorou nos lábios de ambos e penetrou as dimensões mais iluminadas do coração.

Os instantes que passaram juntos foram registrados apenas pelas estrelas no céu.

Um olhar para os países

Certo dia de primavera, Pedro II contemplava o céu pela janela do seu aposento. E seu olhar foi se ampliando a ponto de abranger o mundo todo. Já nem sabia se estava desperto ou sonhando. Os vagões do seu coração subiam aos céus, carregados de amor e paz.

E ele falava consigo mesmo:

- O mundo precisa de paz. Mais do que isso, precisa de amor. Somos todos irmãos, não importa o idioma, o território, a distância, a raça, o credo e a política.

Quedou-se a imaginar um mundo feliz, de portas abertas.

Ao voltar a si, mandou chamar o cardeal Secretário de Estado.

Yacob foi convidado a sentar-se diante do Pontífice.

- Obrigado por ter vindo – começou o Papa, com a cortesia de sempre. - Estava há pouco contemplando esse lindo céu primaveril.

- É primavera. Os jardins do Vaticano estão floridos – concordou Yacob.

- O céu azul, os pássaros brincando e cantando felizes. Acredita que os pássaros são felizes?

O Secretário de Estado estava admirado do assunto abordado pelo Pontífice. Que teria a ver com essa ideia seu cargo de Secretário de Estado do Vaticano? Mesmo assim, comentou:

- Penso que os pássaros não cantam para serem felizes, cantam porque são felizes. Deus não lhes deu o dom da escolha, por isso já os fez felizes, e então cantam.

O Papa voltou a olhar para além da janela:

- É, os pássaros cantam porque são felizes. Deus também fez os seres humanos assim, felizes pela própria natureza divina. "O reino dos céus está dentro de vós mesmos" – disse nosso amado Mestre. Deus colocou a felicidade nos pássaros, como a colocou no ser humano. Por mais miserável que seja a gaiola, o rouxinol sempre canta no coração humano, embora muitas vezes os ouvidos estejam tapados.

Yacob acrescentou:

- Só que Javé deu ao homem o que não deu às aves: liberdade. E, por esse dom, o ser humano pode cantar e deixar de cantar, pode ser feliz e infeliz.

Pedro consentiu:

- Abençoadas aves do céu, maravilhosas plantas cobertas de frutos e flores, alegres rios e arroios cantarolantes, felizes ondas marulhosas do mar, amoroso Criador que os fez assim, sem poderem deixar de sê-lo, seguindo a mão divina que os criou para alegria dos filhos de Deus.

Yacob permaneceu em silêncio, certo de que este não era o assunto pelo qual fora chamado.

O Pontífice voltou-se para o Secretário:

- Estou interessado em articular uma reunião

com os Presidentes dos Estados Unidos, França, Alemanha, Inglaterra, Itália, Rússia, Brasil, México, Índia, África do Sul e China. Estenda o convite também ao Presidente das Nações Unidas. Vamos juntos lutar para criarmos a Era do Amor no planeta.

- Está Vossa Santidade consciente de que será bem-sucedido? - indagou, admirado, Yacob.

- Aceitarão – disse convencido o Papa. – Como se trata do anseio de toda a humanidade e da religião que eles praticam, não vejo como recusarem.

- E a data?

- Pode ser 21 de setembro, Dia Internacional da Paz, declarado pela ONU, em 1981. É preciso não apenas proclamar e homenagear a paz, mas também incentivar os governantes a fazerem algo concreto pela paz e pelo amor no mundo.

Yacob anotou e garantiu:

- Sim, Santo Padre, tomarei todas as providências necessárias.

***

Poucos dias depois, Pedro II alegrou-se com a notícia de que todos os convidados aceitaram o convite. A ONU mostrou-se muito gratificada com a iniciativa, já que essa celebração nascera dos membros dessa Assembleia.

Os veículos de Comunicação do mundo inteiro

noticiaram o evento.

***

Dia 21 de setembro, as delegações, tendo à testa seus presidentes, percorreram os corredores do Vaticano, sendo recebidos à porta da Sala de Audiências pelo Santo Padre, que os saudou efusivamente.

Eram dez horas da manhã.

A Itália se incumbiu da segurança.

Pedro II convidou os Presidentes a sentarem em torno da mesa redonda, tendo à sua esquerda e direita o Presidente dos Estados Unidos e o Presidente da Assembleia da ONU. O Cardeal Secretário de Estado também fez parte do grupo. Sobre a mesa, diante de cada um: água mineral, copo, papéis e caneta.

O Papa sorriu, saudou um por um, agradeceu a presença, e passou ao assunto:

"Sinto-me muito à vontade neste momento, não só pelo apreço e carinho que tenho para com cada um de vós, como também porque sei que vos anima o desejo profundo de conduzirdes vossos povos pelos caminhos da prosperidade, do amor e da paz.

Todos sabemos que o planeta é nossa casa comum e que nós, os que vivemos nessa casa, somos irmãos. Eis porque não cansamos de falar em amor, paz, progresso e construção de um mundo melhor.

A dificuldade consiste principalmente na conciliação de interesses e necessidades, o que, às vezes, origina desavenças, desconfianças, desencontros, conflitos, e até mesmo ódios e guerras. Mas, o sonho da paz e da concórdia nunca esmorece no seio da humanidade e nos desejos de cada governante. É a marca de Deus no coração de seus filhos.

Apesar das boas intenções, ainda não temos conseguido implantar, de maneira efetiva, essa bandeira no planeta. Não acredito em má vontade, mas em medo de cair em armadilha. No entanto, se todos juntos fizermos um pacto pela paz e pelo amor entre os povos, com certeza poderemos criar uma onda benfazeja, que gerará nova mentalidade mundial.

O ser humano é o mesmo em qualquer parte da Terra, tem os mesmos sentimentos, o mesmo coração amoroso, o mesmo desejo de felicidade, o mesmo respeito por cada cidadão do mundo, e o mesmo espírito de solidariedade. Necessita, isto sim, do apoio dos que detêm o poder.

É fora de dúvida que o povo agora tem caminho aberto através das redes sociais, pelas quais se faz ouvir, independente dos grandes veículos de comunicação e das determinações político-ideológicas dos países. Significa que o mundo está preparado para inaugurar a Era do Amor. E, quando cada criatura humana desabrochar este sentimento universal, teremos, como consequência, um planeta mais cuidado, mais limpo, mais saudável, e mais protegido para as gerações que nos substituirão.

Graças a Deus, a humanidade está percebendo as lágrimas do planeta enfermo e os governantes jazem perplexos diante das mudanças climáticas. Também o planeta está pedindo amor, mais amor.

Talvez alguém de vós, ou algum dirigente de outro país, seja infenso a esses apelos, rindo-se da ingenuidade de um habitante do Vaticano, e entenda que o amor da força seja mais eficiente que a força do amor. Sim, há os que querem ser martelos do mundo e acham que o resto não passa de prego. É possível que matem outros na expectativa de melhorar a vida do seu próprio país. Já dizia o filósofo Epicuro: "Ninguém escolhe o mal deliberadamente, mas muitos, seduzidos por ele porque se apresenta sob a forma do bem, e perdendo de vista o mal maior que se seguirá, deixam-se cair na armadilha".

Penso que chegamos a esse mundo de mãos cheias de ideais e voltaremos de mãos vazias, pois no jazigo só cabe o corpo, nada mais. Estamos nessa Terra como hóspedes e um dia voltaremos para casa. Que bom se fôssemos recebidos com abraços e agradecimentos por termos feito algo para o bem da humanidade e de nossa casa comum, tão frágil e tão pequena no concerto do universo!

Animа-me o desejo ardente de construirmos juntos um mundo sem exploração, mas de cooperação; uma humanidade em que os direitos de uns terminem onde começam os direitos de outros.

Estou convicto de que todos podemos progredir, cada país no seu ritmo, sem o subterfúgio da chantagem e a pressão da prepotência; sem que o maior engula o menor, mas todos se ajudem como uma família unida e equilibrada.

Acredito sinceramente que não estou falando utopias. Um mundo livre, um povo solidário, um planeta agradável, um estilo fraterno de vida – este é o sonho universal. Podemos porque cremos poder".

Pedro II silenciou.

Yacob ofereceu a palavra ao presidente da ONU, que elogiou a iniciativa e prometeu contribuir fortemente para que essa mensagem vingue no mundo.

Em seguida, falou o Presidente dos Estados Unidos, que assegurou sua vontade pessoal e de seu país de estabelecer no mundo o melhor e mais amplo período de paz, amor e progresso.

- Meu país – frisou ele – tem gasto fortunas para realizar esse ideal, tentando impor, mesmo que seja à força, esse sonho maior àqueles que teimam desviar-se perigosamente do caminho da justiça e do bom entendimento. Quando todos se empenharem nesse grandioso projeto humano, poderemos trocar as armas por flores, beijos, sorrisos e abraços.

Um por um, falaram todos os presidentes elogiando a iniciativa e prometendo empenho para que as barreiras sejam rompidas e o mundo ingresse num período áureo de paz universal.

Ao final, o Sumo Pontífice ofereceu a cada presidente uma medalha dourada com a frase "Era do Amor" e, no verso, Vaticano e data.

Os Presidentes acederam ao convite para almoçar com o Papa, onde saborearam, entre vários acepipes, a lagosta com trufa branca, famoso prato do Vaticano desde tempos imemoriais. Era o prato usado nas coroações do período renascentista. Acompanhou o prato o melhor vinho italiano. Também foi servido, ao final, outro quitute da história culinária vaticana: o maçapão de água-de-rosas.

O cardeal Yacob explicou que o maçapão foi inventado no século 11, num período de fome. Inicialmente, as freiras de Toledo, Espanha, tiveram a ideia de aproveitar as amêndoas de suas árvores e, por serem amargas, acrescentaram açúcar, formando uma pasta com formato de pão. Mais tarde, outros lugares adicionaram mel, água-de-rosas e cardamomo às amêndoas. O nome maçapão dizem que seria originário do árabe Maulhaban, que significa rei sentado. Era um pequeno bolo, plano, com a impressão da imagem de um rei sentado. Foram os cruzados que trouxeram à Itália.

- Experimentem o famoso "Rei Sentado" – sorriu Yacob.

O almoço transcorreu em alta cordialidade.

Na Taverna dei Bacchi

Vinte e três horas. A cantina regurgitava de gente de toda espécie. Homens e mulheres bebendo às soltas. Risadas destemperadas. Vinho em todas as mesas. Rostos vermelhos, com as veias saltando. Moças com taças do melhor vinho branco da Itália. Fumaça acinzentada evolando preguiçosamente pelo ar.

De repente, pânico geral. Exclamações e gestos assustados:

- É o Papa! Que horror!

O gerente correu para o Pontífice, apavorado:

- Santo Padre, o senhor aqui?!

- Em carne e osso – brincou Pedro II.

- Nesse ambiente?!

- Não vim visitar o ambiente. Vim ver vocês. Saber como se sentem, como anda a vida. O Papa não é apenas pastor das boas ovelhas, mas dc todas.

- O homem da primeira mesa aproximou-se rápido do Pontífice e cochichou-lhe:

- Isso aqui é ambiente de baixo calão, gente que bebe, que não quer mais nada com a vida, tutti pecatori, Santidade!

Nesse momento, um homem com cara de executivo, gravata aberta na gola da camisa, levantou-se:

- Santidade, se não errou de endereço, eu o convido a sentar na nossa mesa.

- Grazie.

- Um vinho?

- Ótimo. A bíblia tem palavras interessantes sobre o vinho. Diz o livro do Eclesiastes: "O vinho é vida para o homem, quando o bebe com moderação. Que vida se vive quando falta o vinho? Ele foi criado para a alegria dos homens. Gozo do coração e alegria da alma, eis o que é o vinho, bebido a seu tempo e o necessário". (31, 27-18)

- Que lindo! – exclamou uma moça, daquelas já surradas pelo tempo.

- O vinho – continuou o Papa, sorvendo um gole moderadamente – contém substâncias benéficas ao organismo. Mas, bebido em demasia é uma desgraça para a saúde, para a família, para o emprego, para as amizades. Enfim, a desgraça é tanta que não vale a pena exceder-se.

- Pois eu queria parar de beber – confessou um operário, já a meio caminho dos efeitos etílicos. – Mas não consigo. E o pior de tudo é que fui abandonado pela família como um caso perdido.

- Tudo tem solução – consolou-o Pedro II.

O operário aproximou-se de Pedro:

- Pois eu pergunto a Vossa Santidade: o que deseja aqui no meio desse bando miserável? Aqui têm bêbados, prostitutas, drogados, ateus, e até gente normal, por incrível que pareça.

O Pontífice bebeu mais um gole de vinho e explicou:

- Estou aqui, como aqui estaria Jesus. Ele esteve com meretrizes, pecadores, bêbados, adúlteras. E disse que o bom pastor deixou as noventa e nove ovelhas e foi buscar a que havia se perdido. Jantou na casa de Zaqueu, um explorador do dinheiro alheio; conversou com Madalena, meretriz, e a converteu. E Mateus cita esta frase de Jesus:

"Em verdade vos digo que os publicanos e as prostitutas estão vos precedendo no Reino de Deus".

- Mas nós somos caso perdido – comentou um moço magricela, de rosto pálido, olhos encovados.

- Amigo, o filho pródigo também era um caso perdido. Só que percebeu a miséria em que estava metido e acabou voltando para a casa do pai.

Uma mulher malvestida interpelou o Papa:

- Que fazer para deixar de ser mulher de rua?

- Você não é mulher de rua, é filha de Deus. Jesus, certa vez, estendeu as mãos para uma mulher como você, e exultou: "Haverá mais alegria no Céu por um só pecador que se arrepende, do que por noventa e nove justos que não precisam se arrepender" .(Lc 15,7). E para aqueles que se escandalizaram, avisou: "Eu não vim chamar os justos, mas os pecadores" .(Mt 9,13)

Um homossexual decadente interferiu:

- Vossa Santidade vive num mundo diferente, o mundo civilizado. Nosso templo é a Taverna Dei Bacchi. Nós vivemos no submundo, não temos vez, somos vistos com desprezo. E merecemos, porque somos imprestáveis.

- Meu amigo – respondeu-lhe o Papa – lembro aqui uma passagem muito significativa da bíblia, que diz assim: "Não há homem pior do que aquele que se deprecia". (Ecl 4,6) Não é porque um ser humano suja sua roupa que deixa de ser criatura humana. Jesus veio salvar a todos, seja qual for a situação. Uma pedra preciosa afundada na lama, deixa de ser pedra preciosa?

Numa das últimas mesas, havia três jovens já abandonadas à própria sorte. Viviam em apartamento de terceira categoria e tentavam sustentar-se como empregadas.

Uma delas levantou-se e cochichou para o Papa:

- Vossa Alteza sabe que sua vinda aqui será um escândalo para o mundo, principalmente para os puritanos e beatas que pululam pelos cantos das igrejas?

- Sim, para uns será escandaloso despropósito, mas para outros será exemplo cristão a ser seguido.

- E que nos aconselha? – prosseguiu a jovem.

- Conversar com Deus. Numa igreja, num bosque, numa praça, à beira de um rio, no quarto de dormir, falar com Deus é o primeiro passo. Dizer das próprias aflições, dos fracassos, das necessidades. Abandonada, sem forças, viciada, fale com Deus, converse com Jesus. Ele recomendou, certa vez: "Vinde a mim vós todos que vos achais oprimidos e sobrecarregados e eu vos aliviarei". Viu? Eis aí o caminho. "Peça o que quer e será atendido" – sugeriu ele.

Nisso, chegou até o Papa o gerente da Cantina e sussurrou-lhe ao ouvido:

- Santo Padre, está aí um carro do Vaticano para levá-lo de volta.

Somente quando se ergueu para sair, o Pontífice percebeu a multidão de gente que se aglomerava para vê-lo, com incontida demonstração de carinho.

***

Diante das vozes ponderadas da Cúria, que pediram que o Papa não se expusesse dessa maneira, provocando escândalo, Pedro respondeu que deviam, antes de tudo, reclamar com Jesus.

- De mais a mais – justificou-se – João XXIII também saiu, certa vez, do Vaticano, e foi compartilhar um bom vinho com operários, numa taverna de Roma.

Virulenta contestação

*E*nquanto o episódio enchia as páginas dos jornais e ocupava longos espaços nas televisões e rádios e revistas do mundo inteiro, a facção virulenta reunia-se às pressas para decretar o fim de um Pontífice indigno e escandaloso.

- É a gota d'água! – vociferou Oviedo, na reunião apressada da calada da noite.

O Defensor roia-se no paroxismo da aflição:

- Que loucura me faz esse homem?! É a suprema baixeza nos domínios da Igreja! Jamais imaginei que o Galileu pudesse chegar a tanto!

Um dos iluminatti explodiu:

- Quem apagará esse escândalo? Um Papa no meio de prostitutas, pecadores, bêbados, homossexuais, viciados, isso é o fim do bom senso e da dignidade!

- Temos que agir! – gritou Oviedo.

- Com urgência! – acrescentou um dos conjurados.

A assembleia continuou furiosa, prometendo medidas definitivas de libertação da Igreja.

Atentado

Noite calma no Vaticano. Corredores iluminados suavemente. Os habitantes recolhidos aos seus aposentos.

O Papa havia descido desavisadamente até o túmulo de São Pedro a fim de orar e pedir luz e assistência ao seu patrono e patrício São Pedro, para o sínodo que em breve ocorreria.

Subitamente, irromperam, pelos obscuros corredores subterrâneos, vultos encapuzados que atacaram de surpresa o Sumo Pontífice. Golpearam-no até perder os sentidos e cair banhado no próprio sangue. Amarraram-no numa cruz, de cabeça para baixo, como São Pedro.

Era o ódio traduzido em grosseira ironia.

- Morra, antes de destruir a Santa Igreja, seu maldito! – vociferou o chefe, esmurrando a cabeça pendida do Papa.

- Missão cumprida! – resmungou alguém por entre as dobras do capuz.

- Igreja salva! – bradou abafadamente um deles, de punhos fechados.

Tão sorrateiramente quanto chegou, o grupo encapuzado abandonou o recinto, com pés de lã.

Pedro II esvaía-se em sangue, solitário, abandonado, nos subterrâneos das sepulturas papais. Pelo corredor sonolento daquela catacumba sofisticada, avançavam riscas vermelhas de sangue, últimos resquícios de uma história que prenunciava seu trágico capítulo final.

***

Mais tarde, soou o alarme no Vaticano. Foi dada a falta do Papa. Os mais ligados ao convívio de Pedro II perceberam que havia algo de errado. Bateram à porta do gabinete e não houve resposta. Chegaram até os aposentos pessoais, nenhum sinal de vida.

A Guarda Suíça informou que o Papa não havia saído das dependências do Vaticano.

A correria foi grande. A angústia se estampara no rosto de todos, principalmente dos que tinham conhecimento de certas ameaças anônimas, cada vez mais rancorosas.

Feita uma devassa pelos recantos do Vaticano, finalmente o Galileu foi encontrado diante do túmulo de São Pedro. Estava inerte, o sangue escorrendo aos pingos, o rosto machucado e tingido de vermelho, o corpo prostrado sobre si mesmo. Aos pés da cruz avessa, três palavras: Destino dos Traidores da Igreja.

Transportado às pressas ao Hospital Gemelli, o alarme foi geral. A notícia circulou velozmente pelos corredores. Os médicos se apressaram a tomar as primeiras providências: reposição de sangue, drenagem, assepsia, sutura dos ferimentos e alívio das dores. Pouco depois, o Papa voltava a si. Felizmente, o caso não era tão grave quanto parecia. Após três dias de tratamento intensivo, Pedro foi conduzido ao apartamento do décimo andar do hospital, construído para João Paulo II.

A notícia correu mundo.

A polícia italiana saiu à caça dos criminosos.

A mística do Vaticano foi sacudida por sentimentos de horror e perplexidade.

Quem poderia cometer tamanho desatino? Que mandantes haveria por trás do crime?

As perguntas não tinham fim.

O cardeal Roschilder apressou-se a falar com Yacob, para evitar qualquer insinuação de envolvimento. Jamais tomaria atitude tão infame. As diferenças situavam-se apenas no campo doutrinário. Seus longos anos de espiritualidade e devoção não permitiriam incidir em tamanha imbecilidade.

O mundo estava estarrecido. Manchetes e mais manchetes ocupavam os noticiários, tecendo mil especulações. Toda entrevista e depoimento com o Papa estavam rigidamente proibidos.

Com São Pedro

Ao retornar ao Vaticano, Pedro II dirigiu-se de imediato ao túmulo de seu ancestral Pedro, dessa vez acompanhado pelo secretário particular, determinação da Cúria.

Pedro pediu que Abbas se mantivesse afastado enquanto iria orar ao apóstolo Pedro.

Chegou diante do túmulo, permaneceu em longa meditação, rememorando o trágico episódio, depois aproximou-se mais do apóstolo e reclamou docemente:

- Meu amigo, conterrâneo e antecessor, que estavas fazendo aí dentro que não me protegeste? Vim aqui pedir teu apoio, teu conselho, tua bênção, e tu te escondeste no momento em que devias desembainhar a tua espada, como o fizeste quando Jesus estava para ser preso no Jardim das Oliveiras!

Silêncio pesado.

- Não me respondes? – reclamou Pedro, só por reclamar. Bem sabia que daquela sepultura apenas poderia receber silêncio funéreo.

De repente, o Papa quase desmaiou. Um calafrio percorreu seu corpo todo.

Do interior do sepulcro, uma voz fez-se ouvir:

- Quero lembrar-te que, quando desembainhei a espada, no Getsêmani, nosso Mestre mandou guardá-la, dizendo que não era esse o caminho.

- Qual seria?

- Não leste a história? Ele disse que veio trazer o amor, a misericórdia e o perdão. Tu não queres implantar a Era do Amor?

Pedro II estava confuso. Não sabia o que dizer.

Desculpou-se:

- Sim... Mas queriam matar-me. Arrombaram a porta cuja chave tu me passaste, a tal chave da Igreja, que o inferno não prevalecerá. O inferno de lá, tudo bem, mas e o inferno de cá que me agrediu e quase me liquidou, que dizes a isso?

- Não sejas exagerado – disse a voz da sepultura. – Eu te protegi. Foram algumas escoriações. E essa cruz do lado avesso não passou de piada, se me permites. Cruz mesmo foi a minha.

- Protegeste-me?! Eu aqui falando contigo, acreditando que sempre estarias me amparando, e vieram uns desvairados que quase me mandaram para junto da tua companhia! Não vais querer dizer-me que eu valho mais morto do que vivo – descontraiu o Papa.

São Pedro tornou:

- Meu caro, não sabes ler nas entrelinhas? Não aprendeste a fazer a leitura dos acontecimentos de acordo com as noções do Infinito?

- Então faças para mim essa leitura – devolveu-lhe Pedro II.

- Tu és uma árvore boa, portanto esse episódio produzirá frutos bons, muitos frutos, cem por um.

- Queres dizer que Deus escreve o certo por linhas tortas, como garante aquele ditado?

- Não há linhas tortas. Todas as linhas de Deus são perfeitas. Estás bem, mais forte que nunca, e ainda serás agraciado com muitas bênçãos. E teu sonho da Era do Amor vai ganhar força como nunca imaginaste.

- E os malfeitores? Como fica isso?

- Ao Papa o que é do Papa, a Deus o que é de Deus. Não pertence a ti traçar o destino de alguém. Agora deixa-me dormir, que estás atrapalhando meu sono.

O diálogo acabou aí mesmo. Não adiantou Pedro II pedir tempo, tentar refazer o diálogo. Em vão.

Demorou-se ainda alguns momentos junto ao túmulo, meditando.

Abbas, ao vê-lo de retorno, percebeu que seu rosto refletia suave paz, talvez até pudesse decifrar como uma luz indefinível de felicidade.

- Vossa Santidade parecia estar falando com alguém... Tem algum significado?

- Significa que deverias estar um pouquinho mais longe – sorriu Pedro.

Conversas de Castel Gandolfo

No dia seguinte, revisados alguns documentos, Pedro II informou seu secretário particular que iria passar alguns dias em Castel Gandolfo.

Era um entardecer agradável. Chegando ao palácio de verão, após breves saudações dirigiu-se aos seus aposentos particulares e sentiu-se à vontade.

Debruçou-se à janela e pôs-se a contemplar o azul do céu se refletindo no azul-turquesa do Lago Albano. Algumas gaivotas perambulavam alegremente. O Galileu tinha fascínio pelas gaivotas. Além de alegres e alvissareiras, lembravam sempre o Mar da Galileia e o transportavam, pela magia da imaginação, para aquelas águas insinuantes e maviosas, marcadas pelas quilhas do barco de Pedro conduzindo Jesus. Então, veio-lhe à mente o nome que seus patrícios deram àquele tesouro líquido, repleto de histórias do Rabi: Kineret, harpa. Fechou os olhos e imaginou ouvir uma harpa misteriosa executando músicas doces e suaves. Pedro olhava para o Lago Albano e sentia a harpa do Lago Kineret. Tinha alma de poeta.

À noite, cumpriu-se um desejo seu de jantar com todos os funcionários, cerca de sessenta. Ao receberem a comunicação, muitos não queriam participar da ceia, por vergonha, inibição e acanhamento diante da mais ilustre personalidade do mundo. Mas, havia que obedecer. Bem banhados, vestindo seus melhores trajes, um tanto constrangidos, foram tomando seus lugares à mesa, de acordo com a determinação do mestre-de-cerimônias.

De pé, ouviram a oração do Papa:

- Senhor, Pai Celestial, nós te agradecemos por esse momento fraternal. Abençoa este jantar para que seja benéfico à nossa saúde e bem-estar. Abençoa, Pai, todas essas pessoas que aqui estão comigo, pessoas amigas, simples, generosas, e dá-lhes, como bondade do teu coração, amor, felicidade, paz e prosperidade. Divino Mestre Jesus, faze-me compreender a grandeza e a dignidade de cada ser humano! Ajuda-me a ser como as crianças para alcançar o reino dos céus. Que este momento seja alegre e agradável como os momentos que tu passaste nos jantares de Zaqueu e de Simão! Amém.

Em seguida, o Papa deu a bênção:

- Em nome do Pai e do filho e do Espírito Santo.

Todos responderam:

- Amém.

A ceia transcorreu descontraída, alegre, favorecida pelo bom vinho dos parreirais de Castel Gandolfo.

Pedro II procurou simplificar a conversa, para saber um pouco da vida de cada funcionário e funcionária. A refeição terminou com sobremesa dos famosos moranguinhos da região do Nemi e um saboroso cafezinho do Brasil.

Na manhã seguinte, acompanhado de alguns assessores mais jovens e de funcionários experientes, o Galileu saiu de barco, com vontade de pescar alguma coisa para o almoço. Além de peixes, o Papa colheu um bronzeamento exagerado nas partes expostas do rosto e dos braços. Nada demais.

Os dias transcorreram calmos, com clima ameno. Belos passeios pelos jardins, muitas flores, grandes espaços de árvores frutíferas, destacando-se vigorosos vinhedos descendo ladeira abaixo.

As noites estreladas propiciavam agradáveis conversas na sacada com vistas para as águas do Lago Albano, onde se viam barcos iluminados navegando à luz do luar.

Numa dessas noites cálidas de verão, Pedro II sentou junto à sacada defronte ao Lago, com seu secretário particular Abbas, o cardeal Frank, o cardeal Dualbi, Dom Satto, o teólogo Staun e mais alguns amigos próximos.

- Noite linda – comentou o Galileu. – Noite feita para poetas, romancistas, artistas, sonhadores. Faz-me lembrar as palavras que Javé diz para Moisés: "Farei passar diante de ti toda minha beleza". Está no Êxodo. Gosto muito também desta passagem do salmo 23: "Em verdes pastagens me faz repousar e me conduz a águas tranquilas". Ocorre que a maior parte da humanidade não tem tempo para contemplar o belo. Na correria de todos os dias para conquistar riquezas e avolumar patrimônio, ou então para sustentar o status, as pessoas não enxergam o brilho das estrelas, a veste branca do luar tocando a fímbria das águas, pisam nas flores, abatem aves e animais cuja presença encanta o mundo, e nada mais veem que asfalto, concreto, máquinas, roupas e utensílios. Parece que o mundo artificial domina o mundo natural, de onde emana a beleza e a paz do universo.

Pedro calou-se, fixando o olhar sobre o Lago.

Abbas tentou acompanhar a linha de raciocínio do Papa:

- Há tanta gente que vive afundada de corpo e alma na materialidade, a ponto de fazer jus àquela velha frase: Quando o sábio aponta o céu, só o que o tolo vê é o dedo.

O cardeal Angelo Dualbi acrescentou:

- E talvez se possa dizer que aí estaria uma das causas da náusea existencialista e da depressão do mundo de hoje. Quem se dá tempo, como nós nesse momento, de contemplar o céu estrelado e pensar nas maravilhas do universo? Só de imaginar que a nossa galáxia reúne em torno de 200 a 400 bilhões de estrelas, sinto arrepio. A grandeza do universo! E são milhões ou bilhões de galáxias. Depois do sol, a estrela mais próxima da Terra é a Alpha Centauri, mas não é sequer possível vê-la a olho nu, já que está a 40 trilhões de quilômetros. Sua luz, voando a 300 mil quilômetros por segundo, leva 4 anos para chegar à Terra. E isso que se trata de uma estrela anã. Viajando num foguete a 50 mil Km/h, seriam necessários 115 mil anos para alcançar essa estrela.

Abbas meneou a cabeça:

- Nunca esqueço as palavras do presidente dos Estados Unidos, Abraham Lincoln: “Acho impossível que um indivíduo, contemplando o céu, possa dizer que não existe um Criador”.

Pedro tentou alcançar com seus olhos limitados a galáxia ilimitada e ponderou:

- Só existe uma energia, da qual se fizeram todos os seres. Essa energia chama-se amor. Se perscrutássemos a estrela mais distante do cosmo e o ser mais ínfimo das profundezas da Terra, com certeza teríamos que dizer que são feitos da mesma energia divina a que deram o nome de amor. Os cientistas descobriram, por exemplo, que a matéria dos planetas já esquadrinhados pelos aparatos que vasculham o universo, é a mesma que faz o nosso corpo: ferro, zinco, cobre, oxigênio, carbono, hidrogênio, nitrogênio, sódio, cloro, cálcio, fósforo, enxofre, potássio, magnésio... E, quando chegarmos à Causa Primeira, descobriremos que a energia divina é a mesma de todos os seres, cada um recebendo conforme sua capacidade. Como diz a afirmação de Tomás de Aquino e Aristóteles: Quid recipitur, recipitur ad modum recipientis. O que recebemos, o recebemos de acordo com a capacidade do recipiente. Então, concluiremos que somos um nesse lindo universo de Deus.

- Por falar em universo – entrou Dualbi – o Vaticano tem Observatório Astronômico de valia. De Satto conhece bem.

- Sim – atendeu De Satto - temos aqui perto, na cidade de Albano, o Observatório da Santa Sé. Inicialmente foi montado no Vaticano, depois trazido aqui para Castel Gandolfo e, posteriormente, transferido para a cidade de Albano e, então, acrescido de modernos equipamentos, inclusive com departamento de astrofísica para estudo da estrutura e evolução da Via Láctea. No Observatório existe também uma biblioteca com 22.000 livros, alguns deles antigos e raros, como obras de Galileu Galilei, Nicolau Copérnico, Isaac Newton, Johannes Kepler e outros astrônomos famosos. Possui também uma importante coleção de meteoritos. Já que estamos falando nesse assunto, o Vaticano tem montado, desde 1993, um Telescópio de Tecnologia Avançada, no Monte Graham, no deserto do Arizona, em lugar de privilegiada visibilidade astronômica.

- Isso é muito bom – alegrou-se Pedro II. – Mas, penso que hojc a prioridade seria criarmos mais condições científicas para acompanhar a evolução, as descobertas, os experimentos e as teorias que se referem ao ser humano. Cada dia surgem novas conquistas científicas, sobre células-tronco, clonagem, anticoncepcionais, órgãos artificiais, etc, e não podemos ficar carimbando o que é certo e o que é errado sentados em cima de crenças e conceitos aprendidos no passado ou baseados em moralismos que não condizem com a grandeza do cristianismo. A Igreja deve avançar lado a lado com a ciência e deixar de se imiscuir naquilo que não lhe pertence.

Abbas acrescentou:

- A desgraça está quando se confunde ciência com ideologia, e quando se pretende confrontar descobertas científicas com textos do antigo testamento ou com teses teológicas.

- A ideologia que conduz ao fanatismo é extremamente prejudicial e perigosa – observou Johannes Staun, teólogo convidado do Papa. Foi a ideologia religiosa que levou Jesus a ser executado. Claro, sem entrar no mérito da redenção. E o mais impressionante é que, em nome da crença, se mata, se aterroriza, se destrói, e os executores voltam para casa com a tranquilidade de um anjo exterminador. Abraçam a esposa e os filhos e rezam com a candura de um santo inocente.

- Há outro mal que frequentemente assola a

Igreja – emendou Dualbi. – É quando se coloca a autoridade acima da ciência. Foi o que aconteceu com Galileu. Ele reclamou: "A verdade é filha do tempo e não da autoridade". E o tempo mostrou que ele tinha razão.

A conversa foi interrompida com a chamada para o jantar.

Pedro brincou:

- Seria de se pensar em construir uma sala de refeições com vista para o lago.

Lucíola em Castel Gandolfo

*P*edro estava examinando alguns documentos da Santa Sé, naquela manhã ensolarada. Com a mesa de mogno voltada para a janela, de vez em quando espiava a imensidão do céu azulado.

O telefone particular tocou.

- Sim – disse simplesmente o Pontífice.

- Desculpe, Santidade, estou muito constrangida. Sempre que pensava em telefonar-lhe, uma voz forte me dizia: "Jamais faça isso. O Santo Padre vive outra dimensão". Então, crescia outra voz que me sussurrava: "Mas ele também é humano, muitas vezes solitário, e pode lhe fazer bem uma amizade sincera, despretensiosa, que se coloca à disposição".

A voz calou, respirou fundo, e continuou:

- Desculpe, Santidade. Não disse quem está telefonando. Foi falta de educação.

- Já sei – atalhou o Galileu. - É aquela brilhante esquiadora que venceu o Papa na descida do Vale Nevado.

Pedro sorriu, no que foi correspondido por Lucíola, a teóloga.

- Só queria dizer a Vossa Santidade que me considero sua amiga. Partilhar da sua amizade, se possível, para mim é privilégio dos céus. Mesmo à distância, acompanho sua atividade e oro muito para que Deus o abençoe e seu anjo esteja a seu lado, dando-lhe proteção perfeita e completa.

- Grazie – devolveu o Pontífice.

- Se lhe sobrar um tempinho para descontrair, me ofereço para um passeio de barco no Lago Albano. À noite, ao som das estrelas, sob a luz do luar, seria muito interessante. Ou, quem sabe, uma pescaria.

- Belo convite – alegrou-se Pedro.

- Considero aceito?

- Não disse que aceitava, apenas que é um belo convite. Significa que sua companhia, como amiga e teóloga inteligente, é sempre positiva.

- Bem imagino o que está pensando. Faz parte da educação religiosa e da mentalidade do mundo:

Onde se viu um Papa sair à noite com uma moça?! Que mau exemplo!

- Pode ser isso mesmo – concordou Pedro II.

- Perdoe-me, Santidade, mas eu pergunto por que as mentes humanas em geral, e religiosas em particular, estão carregadas de poluição e preconceito? Parece que há um prazer mórbido de criticar e condenar as pessoas importantes.

- Está bem, Lucíola. Agradeço suas considerações. Vou verificar os compromissos. Sabia que até nas férias o Papa anda às voltas com compromissos?

- Agradeço a alegria que me proporcionou ao atender o telefone e dispor-se a falar comigo. Não insistirei. Vossa Santidade sabe das responsabilidades. Mas, me considere sempre sua amiga.

- Grazie.

- Sua benção, Santo Padre.

- Em nome do Pai e do Filho e do espírito Santo.

- Amém.

O Pontífice contemplou mais uma vez o céu, acompanhou o revoluteio das aves, dançando livremente no azul do infinito, sentiu uma santa inveja, e voltou-se para os documentos.

Vez por outra, seu pensamento retornava ao telefonema e via de um lado a moça alegre e feliz por compartilhar momentos com um amigo e de outro a necessidade e a exigência eclesiástica de manter-se distante do mundo. Lembrava Jesus, que era acompanhado por Madalena, Maria esposa de Cléofas, a outra Maria, Suzana, e mais algumas mulheres, e ninguém o criticava. Do alto da sua sabedoria, avisava: "Não julgueis e não sereis julgados. Com a medida com que medirdes ser-vos-eis medidos".

Havia uma coisa que o intrigava: Afinal, os atos humanos são mensurados pela ética ou pelo tamanho da autoridade? A ética refere-se a uma lei universal e não tem nada a ver com posições políticas, religiosas, pobreza, riqueza, raça ou credo. A ética não faz acepção de pessoas. Situa-se nos domínios intrínsecos. Ela diz respeito de forma igualitária a todas as pessoas. A moral é móvel, de sabor local, acrescentada ou diminuída de acordo com a evolução. A moral do índio não é a moral do homem que vive nos grandes centros. A moral do quarto não pode ser dimensionada com a moral da rua. A moral da Idade Média não se alinha com a moral do século vinte e um. O problema do mundo é a confusão entre ética, que é a moral de Deus, e a moral dos homens, não raro excêntrica, volúvel e preconceituosa.

Quanto mais puxava o novelo das clucubrações, mais avançava no tempo, esquecido dos papéis sobre a mesa.

- É – encerrou as ideias – há muito que pensar, há muito que estudar, há muito que filosofar e teologar, para separar o joio do trigo.

Oviedo e Defensor comentam o atentado

*M*eia-noite em ponto. Num dos lugares mais escusos de Roma, Oviedo avistou-se com o Defensor.

- Olá, amigo - começou Oviedo. – Infelizmente o serviço não ficou completo.

- Pelo menos o susto deve ter sido memorável. O problema é que o socorro chegou a tempo.

Oviedo estava ansioso:

- Há algo sobre suspeitos?

- Nada. Com certeza, jamais descobrirão. Não ficou marca nenhuma – tranquilizou o Defensor.

- E agora? A Ordem Secreta de Defesa da Fé e Costumes está atenta a tudo e não se conforma com as atitudes do Chefão.

O Defensor procurou acalmá-lo:

- Devagar se vai ao longe. Agora só resta permanecer sob as sombras da noite, como se diz. A pressa não é boa conselheira. Diz a voz comum que o assassino sempre volta ao local do crime. Não é de boa inteligência cometer essa ingenuidade. É importante analisar as reações internas.

- Mas, não se pode baixar as armas – contrapôs

Oviedo. – Deus ajuda a quem madruga, ensina o velho ditado.

- Calma e caldo de galinha não fazem mal a ninguém – sorriu o Defensor.

- A Ordem Secreta de Defesa da Fé e Costumes continua suas reuniões misteriosas.

- Acho oportuno levar tudo em banho-maria por enquanto.

O diálogo, dessa vez, não tinha sabores virulentos, embora demonstrasse a firme decisão de fazer algo para evitar a presumida hecatombe da Igreja.

Sociedade de Valorização da Mulher Católica reivindica posições na Igreja

A Sociedade de Valorização da Mulher Católica solicitara audiência com o Papa e o grupo foi recebido em Castel Gandolfo.

Para surpresa do Pontífice, Lucíola fazia parte da comitiva.

- Sejam bem-vindas - disse o Papa, convidando-as a sentarem. – É gratificante saber que estão empenhadas em ajudar a Igreja a seguir em frente, em perene atualização. As mulheres têm contribuído muito desde os primórdios do Cristianismo. Muitas foram mártires, outras fundadoras beneméritas de instituições religiosas, outras mais ofereceram sua profunda cultura para aprimorar a sociedade humana. Houve até guerreiras, como Santa Joana D'Arc.

Observando a líder, acrescentou:

- Sei que trouxeram um documento, mas vamos dialogar um pouco. Gostaria que a Presidente expusesse a síntese do que desejam expressar.

Elfrida, Presidente da Sociedade, pediu licença, saudou o Pontífice, e disse da honra e da felicidade de serem recebidas por Sua Santidade.

E expôs:

- Jesus foi, com certeza, o primeiro que valorizou a mulher, algumas delas até faziam parte do grupo do Mestre. A Igreja tem respeitado as mulheres e dado a elas lugar especial na pastoral e na espiritualidade. Estamos aqui para dizer ao nosso querido Santo Padre que as mulheres podem fazer muito mais do que são solicitadas.

Queremos dedicar humildemente a Vossa Santidade nossos estudos e sugestões:

1. Dar mais espaço às mulheres na liderança pastoral.

2. Que se reconheça que a mulher, longe de ser motivo de complicação na vida do clérigo, é complemento valioso, e até se poderia dizer indispensável, dada a característica da psicologia feminina. A proibição do casamento dos clérigos não tenha como

argumento que a mulher é um ser inferior, perturbador e instável emocionalmente. Diz a bíblia que Deus criou homem e mulher à imagem e semelhança divina, sem diferença hierárquica. No caso de matrimônio do sacerdote, a mulher terá a grande missão de ajudá-lo, ser fator de equilíbrio sentimental, apoio nas dificuldades, e pessoa capaz da melhor assistência nas enfermidades. Portanto, a manutenção do celibato não seja em razão de que a mulher só atrapalha a vida religiosa e o apostolado. É anticristão desmerecer a dignidade da mulher. Veem-se, com muita pena, sacerdotes idosos, muitos deles doentes, sem condições de autossustentação, serem jogados ao desamparo em asilos de péssima categoria. Depois de tantos anos de dedicação e idealismo, o abandono.

3. Que se estude, à luz dos ensinamentos de Jesus e dos apóstolos, a questão do sacerdócio feminino. Se é verdade que Jesus nada falou a favor do ministério sacerdotal feminino, também é verdade que nada disse contra. Significa que Jesus não proibiu o sacerdócio à mulher. É facilmente comprovável que a mulher tem condições iguais ao homem de estudar, aprender e assimilar os conhecimentos pertinentes à função sacerdotal: teologia, filosofia, liturgia, exegese, ascese, espiritualidade, psicologia e as demais disciplinas exigidas. Basta saber que hoje há mulheres que se distinguem em todas essas áreas.

Queremos destacar ainda que também a mulher é dotada das virtudes da calma, da ponderação, da compaixão, do acolhimento, da paciência e da bondade. Também ela tem o dom da palavra. E mais: a fé da mulher, por ser mulher, não é menor do que a fé do homem.

Por fim, queremos dizer com alegria que estamos aqui para reafirmar, diante de Vossa Santidade, nossa disposição de contribuir com amor e fé no apostolado a que formos chamadas. Obrigada.

A vice-líder Caroline aproximou-se:

- Pedimos licença a Vossa Santidade para entregar-lhe o documento de nossos estudos.

Pedro II sorriu carinhosamente, recebeu o livro e agradeceu:

- Foi muito bom ouvir a mensagem que nasceu do coração, da mente e do espírito da Sociedade de Valorização da Mulher Católica. Vou sacrificar um pouquinho de lazer para analisar com calma o documento e posteriormente passarei à Pontifícia Comissão que estuda esses assuntos.

Pedro II deu a bênção, distribuiu para cada senhora um chaveiro dourado com as insígnias do Papa, encerrou a audiência e convidou Lucíola a ser hóspede de Castel Gandolfo.

- Aceito, Santidade, com muita alegria.

O amor

Naquela noite, a conversa, na sacada do Castelo, girou em torno do amor.

Pedro II revelou ter encontrado na epístola de Paulo uma das descrições mais primorosas sobre o amor.

E passou a dizer de cor alguns trechos:

"Ainda que eu falasse as línguas dos homens e dos anjos, e não tivesse amor, seria como o metal que soa ou como o címbalo que retine.

E ainda que tivesse o dom da profecia, e conhecesse todos os mistérios e toda a ciência, e ainda que tivesse toda fé, de maneira tal que transportasse os montes, e não tivesse amor, nada seria.

E ainda que distribuísse todos os meus bens para sustento dos pobres, e ainda que entregasse o meu corpo para ser queimado, e não tivesse amor, nada disso me aproveitaria".

Pedro silenciou por instantes, vagou seu pensamento pelas estrelas do céu e comentou:

- Que mensagem incrível! Impressionante! Ele está afirmando que o amor está acima da fama, da profecia, da fé, do sacrifício, da renúncia e da ciência. E tem a firmeza de dizer que o amor é maior que a filantropia, a solidariedade, a pobreza e o martírio. Garante, ainda, que o amor está acima de todos os carismas. Será que a Igreja e as diversas denominações do cristianismo se deram conta dessa ousada sentença do apóstolo? Paulo estava realmente inspirado na hora em que escreveu o texto sobre o amor!

Abbas observou:

- Por certo, se levarmos em conta a verdade das afirmações de Paulo, feitas na carta aos coríntios, teremos que reorganizar a ordem e os valores das virtudes cristãs. Nos escritos, sermões e encíclicas, muitas vezes são acentuadas outras qualidades cristãs como prioritárias.

O cardeal Dualbi acrescentou:

- Tenho a impressão de que as pessoas pensam que o amor não é valor de maior força no mundo. Seria assim como a cereja do bolo, um bonito e saboroso enfeite.

- Isso tem acontecido também no Vaticano – colocou De Satto. - Dá-se primazia aos decretos, preceitos e determinações. Apela-se para a obediência. Impõe-se a autoridade. E quando se fala em amor, acrescentam que é exigente, difícil, sacrificado, conduz à renúncia, às lágrimas e ao sofrimento.

- Não foi isso que disse Paulo – concordou Frank.

Pedro II voltou ao apóstolo Paulo:

- Às vezes, penso que se poderia fixar nas paredes as frases de Paulo em que alertava que o amor não é invejoso, não se vangloria, não se ensoberbece, não busca seus próprios interesses, não se irrita, não suspeita mal, não se regozija com a injustiça.

Abbas foi além, aflorando um sorriso que denunciava seu pensamento oculto:

- Não atropela para chegar à frente em busca de dignidades mais altas.

Pedro completou:

- Gosto da conclusão do apóstolo: "Agora, pois, permanecem a fé, a esperança e o amor, estes três; mas o maior destes é o amor". Que apologia fantástica!

Frank mirou as águas calmas do Lago Albano e deixou cair sua meditação espontânea:

- Às vezes, me detenho longas horas a percorrer a bela estrada dos evangelhos para um encontro íntimo com o pensamento do Mestre. E percebo duas grandes vertentes geniais. Claro, conforme o interesse da busca, há muitas outras mensagens de imenso valor humano. Mas, para mim, saltam duas grandes vertentes: a primeira e mais importante é o amor. Indiscutivelmente, Jesus é o pregoeiro do amor. E avisou que o amor é a viga mestra da sua mensagem. Nas cerimônias dos votos e juramentos feitos pelos clérigos e religiosas, diante dos bispos e dos superiores das Ordens e Congregações, são apontadas a obediência, a castidade e a pobreza. E sobre o amor, que é a única essencial, não se fala. Penso que obediência, castidade e pobreza são virtudes relativas: sem amor de nada valem.

O teólogo Staun assentiu:

- Se pensarmos bem, a obediência, como obrigação, tolhe a grandeza da liberdade; a castidade imposta não permite a livre escolha; e a pobreza não tem significado prático. Falta a única virtude fundamental: o amor.

- Explique – solicitou o Pontífice.

- Nem sempre a obediência é um bom caminho. A melhor via e mais cristã é o diálogo em busca da verdade desejada. Obediência cega é cristianismo cego. Antigamente se dizia que a voz da autoridade é a voz de Deus; hoje se percebe a falácia dessa expressão. Ninguém tem obrigação de obedecer uma ordem para participar de uma heresia, ou para se atirar no rio e morrer afogado. Jesus dizia: "Quem quer ser o primeiro, seja o último". Não fala ele, na sua suprema sabedoria psicológica, que quem deseja mandar deve dispor-se a servir? A obediência seria um ato gerado pela convicção e não pela imposição. Seria a aceitação de um convite amoroso, mais do que um dobrar-se diante de determinação inarredável. E, quanto à castidade, há várias razões da inclusão dessa ideologia entre as obrigações primeiras do clérigo e da religiosa.

- Cite algumas – sugeriu o cardeal Dualbi.

- Vou citar só duas razões. Primeira, nota-se

que a castidade é imposta porque sexo seria coisa má, impura, indigna, pecado, como se não fosse Deus o inventor do sexo e da sexualidade. Segunda, talvez a mais proclamada: a necessidade de o clérigo e a religiosa dedicar-se exclusivamente a Deus, como se isso fosse impossível dentro do casamento. Nesse caso, todas as demais religiões e denominações cristãs estariam erradas ou atrasadas, porque seus padres e pastores podem casar normalmente.

- E o voto de pobreza, que significa? – inquiriu De Satto.

- A respeito da pobreza, é de se notar que a Igreja de todos os tempos tem acreditado que se trata de uma virtude apregoada por Jesus. Não sei de onde foi colhida essa piedade. Jesus fala em desapego do coração, o que é bem diferente de pobreza material. Se o Mestre pregasse o desprezo do mundo material estaria ofendendo seu Deus, já que este é o legítimo criador das riquezas materiais do mundo. Diante dessa ideologia equivocada, Jesus seria opositor do seu Pai celestial. Pobreza é simplesmente contingência. Só pelo progresso, riqueza, fortuna, criação de indústrias, tecnologia, se consegue dar de comer a esses mais de sete bilhões de seres humanos. Achar que pobreza, por si só, seria uma elogiável virtude tem sido um dos maiores equívocos do cristianismo. E nos traz a pecha de incoerentes: pregamos a pobreza e, no entanto, mergulhamos no progresso humano e dele nos servimos.

- Posso acrescentar – interferiu Abbas - algumas afirmações dos nossos grandes mestres do passado: O Santo Padre João XXII, eleito em 1316, condenou a tese de que Jesus teria vivido com os apóstolos em estado de absoluta pobreza, porque tal afirmação traria como consequência que todo cristão deveria ser pobre por causa do Cristo. Imaginem agora se toda humanidade fosse cristã e seguisse essa tese: teríamos morrido de fome. Se pobreza fosse lei divina, a humanidade já não existiria mais. São Clemente de Alexandria, um dos Padres da Igreja, afirmou: "Não é nenhuma virtude invejável ou grandiosa viver simplesmente sem riqueza". Para não me alongar, posso trazer aqui a palavra de Jesus: "Vim para que tenhais vida e vida em abundância".

- Sem contar o número de santos bíblicos e canonizados pela nossa Igreja que eram ricos, reis e príncipes – completou Frank.

‘ - E Papas – sorriu Pedro II. – É fundamental reconhecer e ensinar que a riqueza material não pode aninhar-se no coração. Essa é a chave da sabedoria. O hábitat do coração é o amor. Feito esse discernimento, acaba a confusão.

- Realmente – anuiu o teólogo Staun. - Sobra a maravilha das maravilhas: o amor. O amor criou o mundo, todos os seres, mora no corpo, no espírito e no coração dos humanos e é a energia do universo. Amor é tudo. Como dizia Lacordaire: "O amor é o princípio, o meio e o fim de tudo".

Lucíola não se conteve:

- Eu tenho uma pergunta que não quer calar: o que é o amor? Como se poderia defini-lo?

Pedro explicou aos presentes que Lucíola era formada em Teologia, Psicologia e Exegese.

E devolveu-lhe a pergunta:

- Como você definiria o amor?

Lucíola olhou para aquelas ilustres personalidades e sentiu-se um tanto inibida, mas não titubeou:

- Não levem a sério minhas ideias, pois minha cultura é minúscula em relação à sabedoria de Vossas Excelências. Acima de tudo, amor, a meu ver, é transcendência. Amor, em ultima análise, é Deus e Deus é como o sol: não só se ilumina e aquece a si mesmo, como, por sua própria natureza, irradia luz e calor a todos os seres. Retire-se a energia do sol e o planeta fenecerá. Retire-se o amor do mundo e o mundo se tornará nada. Amor é a energia divina que se expande a todos os seres. Mas, a criatura humana pode tanto imergir nessa energia, como dela afastar-se e viver na sombra. Pode aceitar essa energia como pode rejeitá-la. Quando o ser humano é amor, sintoniza e harmoniza com o Todo e, nesse caso, é um ser plenificado, até mesmo divinizado, imagem e semelhança de Deus. Aqui se manifesta a trilogia do amor, ensinada por Jesus: amar-se, amar ao próximo e a todos os seres, e amar a Deus. Essa trindade faz o Uno, assim pensava o Mestre, suponho eu. Quando duas criaturas são amor, sintonizam e se harmonizam e consequentemente são felizes. E essa felicidade acende a mente, o coração e o corpo da pessoa, levando o cérebro a liberar hormônios de prazer e bem-estar. É dessa maneira que o ser humano vivencia o êxtase da vida, que pode transcender a si próprio e alcançar a dimensão do casamento. Mas, teria muita curiosidade em saber a opinião de Vossas Excelências, já que se trata do ensinamento máximo do Cristo.

- Apreciei sua filosofia do amor – exclamou o cardeal Frank.

- Bem que você poderia ser a Madalena dos novos tempos – brincou Dualbi.

O Pontífice mergulhou os olhos, a mente e o coração no lago, meditando sobre as palavras de Lucíola. Entendeu que há valores importantes não só entre os doutos do magistério eclesiástico como também entre as demais criaturas humanas, particularmente as mulheres. Bem que poderiam ser rompidas as fronteiras eclesiásticas dentro da Igreja, imaginava ele.

As palavras de Lucíola acenderam mais ainda as considerações a respeito do maior de todos os mandamentos.

O relógio pontuou 23 horas e Pedro II levantou-se:

- Com licença. Necessito ainda assinar alguns documentos, antes das preces. Boa-noite.

No dia seguinte, Lucíola deixou Castel Gandolfo, admirada da simplicidade, bondade e equilíbrio de Pedro II.

***

Aproximava-se o sínodo convocado por Pedro II. Nas hostes tradicionais do Vaticano a inquietação aflorava.

O cardeal Roschilder, em audiência com o Papa, tentou mostrar as inconveniências de mudanças radicais na Igreja.

O Pontífice fez-lhe ver que as mudanças seriam bem aceitas porque eram novos ventos de liberdade, de amor e de ação, o que facilitaria a propagação da mensagem do divino Mestre.

Roschilder, porém, não compartilhava dessa visão e sentia que a Igreja estava às vésperas de um apocalipse.

Jovens de Santa Maria

Tudo começou no Bar Bocabrava, em Santa Maria, cidade de porte médio, no sul do Brasil, assentada à sombra da Serra de São Martinho. Suas ruas são inundadas de jovens vindos de inúmeras cidades e povoados, do país e exterior, para cursar Universidades, Faculdades e Cursinhos Preparatórios, que acolhem cerca de trinta mil estudantes. É uma cidade alegre, com descontraída vida noturna em bares, restaurantes e boates.

Naquela noite, já madrugada, um grupo heterogêneo de rapazes e moças bebiam cerveja, em torno de uma mesa, deliciando-se com batatinhas fritas.

Gastavam conversa fiada sobre todos e sobre tudo, como sempre criticando e resolvendo os problemas do mundo. Nem a Igreja escapou das análises apressadas e inconsequentes.

- Eu acho que a Igreja está atrasada mil anos – atacou Marcos, e foi à cerveja, que esta sim estava adiantada dez garrafas.

- Já vem você com achismos – rebateu Zuleide. – Você não entra na igreja nem para se defender da chuva e fica falando abobrinhas.

Fernando acomodou a taça na mesa e meteu sua colherada:

- Pois, eu também acho. A gente vai à missa e é sempre tudo igual, mesmos gestos, mesmas orações, mesmos sermões, mesma chatice.

- Eu já nem frequento mais os cultos, apesar da reclamação dos meus pais. Sei tudo que vão dizer. Ao invés de abrir caminhos, fecham caminhos, e dê-lhe moral para encher a gente de complexos de culpa – criticou o jovem moreno, de cabelos longos desalinhados, estudante de Engenharia, de nome Aristides.

- Vocês são criticões baratos – protestou Zuleide.

- Mas, vem cá – entrou na conversa o Orlando, estudante de Psicologia na Universidade Federal – o Aristides tem razão. Quantos jovens hoje frequentam a igreja? O que é que a religião está dizendo para nós, que vivemos nesse século vinte e um? Saber sobre Santíssima Trindade, obrigação de assistir missa aos domingos, confessar uma vez por ano, não pecar contra a castidade, não dizer seu santo nome em vão, casar pelo religioso e cumprir os dez mandamentos e...

- Chega – gesticulou Inezita, também estudante de Psicologia – enfastiada com aquela ladainha sem pé nem cabeça.

- Bom, eu não tenho nada com isso – riu-se o Arnaldo. – Eu sou agnóstico.

- Agnóstico?! – espantou-se a Zuleide. – O que é isso, cara?

- Não sei – explodiu o Arnaldo com sonora gargalhada.

Geraldo ouvia tudo em silêncio, apenas desflorando, vez por outra, complacente sorriso.

Mas, não resistiu:

- Eu vou à missa. Participo de encontros de jovens. Gosto de ler a bíblia, não sempre, mas de vez em quando. Vocês têm e não têm razão. Eu faço tudo isso mais por tradição de família, porque a igreja não me anima muito na vida. Vou à igreja e não saio mais entusiasmado e nem mais feliz do que antes. Parece que a religião caiu numa certa modorra.

Aristides voltou à crítica:

- Acho que estou me tornando chato, mas a lembrança que me ficou na cabeça é que saía do culto carregado de pesos, negativismos, pessimismos, obrigações, ameaças do inferno, coisas de provocar depressão na gente.

- Também não é bem assim, gente! – reclamou a Lídia. – Há muita diferença entre a juventude que participa na paróquia, na liturgia, no grupo musical, nos encontros, e a juventude de rua, cabeça vazia, religião zero.

- Realmente – concordou Zuleide.

- Está bem – admitiu Aristides. – Então, qual é a solução?

- Eu sei – adiantou-se o Orlando. – O Papa tinha que mandar os padres se reciclar e aprender mais sobre a mensagem de Jesus. Esse papo da Idade Média não funciona mais.

- Como? – desafiou-o a Zuleide.

- Ora bolas, vamos pensar juntos as causas da

defasagem e mandamos um email com as soluções ao Papa. Afinal, não somos universitários?

José Joaquim, que permanecia alheio a tudo, não aguentou:

- Ah,ah,ah, os reformadores do mundo!

- Por que não? – crispou os cenhos a Inezita.

José Joaquim, o português, não deixou por menos:

- Querida, não conhece os critérios da Igreja? Primeiro, fala-se com o pároco, depois com o bispo, depois com o arcebispo, depois com o cardeal, depois com a Cúria Romana, e depois se houver depois, com o Papa.

- E daí? – resmungou Inezita.

- E daí que a conversa morre no pároco, sua bobinha. Todos pensam igual, todos são farinha do mesmo saco, ninguém quer se comprometer, ninguém sai do roteiro.

O Arnaldo:

- E as igrejas cada vez mais vazias.

- E a cabeça da juventude cada vez mais vazia – xingou a Zuleide.

Taça de cerveja numa mão, batatinha na outra, assim pontificou o Fernando:

- Muito bem, vamos encerrar esse papo furado. A Inezita manda email para o Papa, reformando a Igreja.

Todos caíram na gargalhada.

Assim terminou mais uma noite de conversa fiada.

Conversa fiada?! Nem trinta dias depois, Inezita reuniu os amigos e amigas no Bocabrava e agitou um papel, berrando:

- Está aqui a resposta!

***

O email de Inezita chegara ao Papa, que sorriu, quedou-se em reflexão, e sentiu que poderia ser aviso do céu para dar atenção especial à juventude de hoje. Às vezes, Deus escreve o certo por letras tortas – pensou ele.

Conversou com o cardeal Abbas e Yacob sobre a ideia de convidar os jovens santa-marienses para uma audiência especial, em 23 de maio, Dia Mundial da Juventude.

Yacob tentou dissuadir Pedro II:

- Não poderia essa atitude ser interpretada como brincadeira irresponsável do Supremo Mandatário da Igreja, aquele que sempre fala ao mundo com a gravidade que seu posto exige?

Pedro não concordou:

- Os jovens gostam de surpresas radicais e fora do contexto. Se forem autênticos e ousados, aceitarão o convite. Jesus também não buscou contato com gente fora do esquema tradicional?

- Mas, esse tipo de convite, para um grupo de jovens lá do fim do mundo, nunca aconteceu – observou Abbas.

- Pois, aí é que está a vantagem – vislumbrou o Pontífice. - Os veículos de comunicação adorarão o episódio.

- E condições para a viagem? - preocupou-se Yacob.

- Jovem, que é jovem de verdade, tem criatividade – sorriu o Galileu.

***

Os estudantes leram, com olhos incrédulos, o convite do Santo Padre.

- É piada – riu-se Aristides.

O Fernando estava boquiaberto:

- Você escreveu mesmo para o Papa?

- Claro! – respondeu Inezita impaciente. - Não foi combinado?

- Era brincadeira – arrepiou-se o Marcos.

- Sensacional! – festejou a Zuleide. – Então, ergamos a taça e vai um brinde ao grande Pedro II.

- Tintim!

Os pais não quiseram acreditar e foram ter com o arcebispo, que ficou pasmo.

- Não é assim que funciona – explicou o purpurado. - Tudo passa pelo crivo de várias instâncias até chegar a um convite oficial de Sua Santidade. Imaginem se o Santo Padre fosse atender os emails que lhe chegam do mundo todo.

Entretanto, o arcebispo procurou inteirar-se junto à Cúria Romana e ficou sabendo que havia, de fato, o convite e que este não necessitava percorrer as várias instâncias oficiais, uma vez que se tratava de convite pessoal do Papa.

Os jovens foram à loucura. A notícia se espalhou como terremoto. Muita gente queria unir-se à caravana, mas a resposta do Vaticano especificava o nome dos convidados.

O grupo convenceu os pais a colaborarem, juntou dinheiro daqui e dali, e se foi a Roma.

Pararam extasiados diante do obelisco, a contemplar a majestosa igreja de São Pedro, a colunata e o complexo do Vaticano. Era um mundo encantado para quem vivia a vidinha de todos os dias no seu minúsculo arraial.

Às dez horas, foram conduzidos à sala da audiência. Estavam nervosos, acanhados e deslumbrados. Conferiam os móveis, as poltronas, as paredes, os quadros, os lustres, os tapetes, nada escapava aos olhos esbugalhados.

De repente, abriu-se a porta e o cardeal Abbas apareceu sorridente, cumprimentando um a um. Na confusão, não sabiam se era para se ajoelhar, beijar o anel, abraçar, estender a mão, dar apenas bom-dia, uma trapalhada daquelas!

Abbas colocou-os à vontade e disse que o Papa queria ouvi-los. Que atendessem sem formalismos, sem inibição, contando de suas ideias e anseios, críticas, sonhos, e o que pensavam da Igreja.

- Como devemos nos relacionar com ele? – preocupou-se a Zuleide.

- Digam "Santo Padre" – respondeu Abbas.

Algum tempo depois, que parecia uma eternidade, surgiu Pedro II, em seu hábito branco, sorridente, simpático, de braços abertos, e cumprimentou a todos individualmente.

Convidou-os a sentarem, sentou-se, e abriu o diálogo:

- Agradeço terem vindo. Creio que não é fácil sair de uma região distante para uma pequena conversa com o Papa. Mas, depois, serão levados a conhecer as maravilhas do Vaticano e de Roma.

E indagou:

- Santa Maria, como é Santa Maria?

Inezita sentiu-se na obrigação de começar, mas empalideceu, tossiu de nervosa, por fim dominou o pânico e descreveu a cidade, sua característica estudantil e o jeito gaúcho de viver, com seus hábitos de churrasco e chimarrão.

Em seguida, ofereceu ao Papa uma cuia de chimarrão ricamente decorada e uma bomba dourada. A pedido do Papa, explicou como funciona.

Pedro II brincou dizendo que iria convocá-la para preparar-lhe o chimarrão.

Então, o Papa entrou no assunto:

- Soube que discutiam a respeito da relação entre Igreja e juventude. É admirável que tenham se interessado sobre esse tema. Gostaria que me contassem sobre suas preocupações, críticas e esperanças. Não convidei doutores, teólogos, especialistas em pastoral de juventude. Convidei-os justamente por se situarem à margem das linhas oficiais da pastoral jovem e apraz-me saber o que se passa nas suas mentes.

Inezita não se fez esperar:

- Santo Padre, agradecemos sua imensa boa vontade de nos convidar. Estamos maravilhados. É um milagre para nós. Nas nossas conversas de bar, dizíamos que a Igreja estava distante dos jovens, fala uma linguagem que não chega ao nosso coração.

- E também – animou-se o Arnaldo – há muita

mesmice. A gente não se sente atraído para as missas e encontros. Claro, não falo em nome de todos os jovens, porque em Santa Maria há uma forte pastoral da juventude.

- Reverendíssimo Santo Padre, é o seguinte – criou coragem o Fernando, mais vermelho que camarão. – O padre, nas missas, não pode se referir especificamente aos jovens, porque está diante de todo tipo de gente de todas as idades. Tenta ser genérico para atingir a todos. Então, não se estabelece diálogo entre as palavras do pregador e o coração inquieto do jovem. Os encontros são repetitivos, chatos, e a gente acaba se afastando.

No breve silêncio que se seguiu, Zuleide cochichou para o colega:

- Não se diz Reverendíssimo Santo Padre, cara!

O tema começou a pegar fogo.

Lídia decidiu-se a participar:

- Com certeza, nossa visão do assunto é muito opaca, até mesmo sem fundamento. Mas, achamos que falam muito em doutrina, catequese, obrigações, e isso espanta o jovem, que quer ouvir algo sobre a vida, suas aspirações, quer sentir-se encantado por Jesus, busca otimismo, ânimo, coragem...

Zuleide sequer deixou a Lídia concluir:

- Pois é, a juventude busca sentir entusiasmo pelo Cristo, este personagem grandioso, que veio falar de amor e paz e não de moralismos ultrapassados!

Fernando retornou:

-Acontece que nos encontros, principalmente em congressos da juventude, só falam os jovens já catequisados; os bispos controlam a palavra, para evitar críticas à religião, à hierarquia e a verdades e conceitos que muitos jovens já não aceitam.

Marcos arriscou furar um tabu da Igreja:

- Certa vez, cometi a besteira de dizer, num encontro de jovens da paróquia, que sexo era bom porque criado por Deus e que pílula anticoncepcional e camisinha nada tinham contra os ensinamentos de Jesus. Sexo era benéfico à saúde e anticoncepcionais eram preventivos. O padre me recriminou duramente e avisou que não era assunto para ser tratado na reunião. Ao invés de abrir o tema para discussão, ficou aborrecido e passou a falar sobre os dons do Espírito Santo. Não voltei mais.

- Está aí uma questão que tem a ver com a juventude – continuou o Orlando. - Como estudante de Psicologia, percebi que alguns padres confundiam anticoncepcional com aborto. Anticoncepcional evita a gravidez ao passo que o aborto é interrupção criminosa de uma vida indefesa.

Zuleide tentou aprofundar o assunto:

- Concordo com o Orlando. Proibir o anticoncepcional porque interfere nas ações e reações naturais do corpo seria o mesmo que proibir remédios, injeções e cirurgias, porque também interferem no corpo. Proibir porque impede uma nova vida, isso também ocorre com quem vive a virgindade. O óvulo busca a vida e a virgindade o frustra, daí advindo a menstruação.

O Papa recebia com bom humor o raciocínio daquela juventude aberta e liberta.

- Quando a gente fica sem voz ativa, sem possibilidade de opinar fora dos conceitos sacramentados, a gente vai embora – completou o Geraldo.

- Na verdade – observou Aristides – o jovem não gosta de ser mandado e ensinado. São os pais, os catequistas, os professores, o governo, todo mundo quer ditar regras. E nós não queremos obedecer.

A Lídia achou que os colegas exageravam e que estariam causando má impressão ao Papa:

- Também não é bem assim – desculpou-se. – Ocorre que, por fator de sua idade, o jovem quer ser dono de si mesmo, acha que sabe tudo, mas na verdade não tem preparo psicológico e nem maturidade. Se não organiza sua cabeça de forma saudável, fica presa fácil de filosofias de bar, drogas, bebidas, mete-se em aventuras radicais e aí acontece o número assustador que morre por overdose, acidentes, violência, aventuras arriscadas e malucas.

Pedro II era todo escuta, respeitoso às ideias

que desfilavam livres e espontâneas, como ele desejava.

Inezita tentou minorar as críticas:

- Vossa Santidade deve estar desejoso de saber se temos sugestões. Creio que não temos o que propor. Mal e mal sabemos criticar. Vindos lá de Santa Maria, dos pampas gaúchos, com pouca vivência religiosa, que poderíamos oferecer a Vossa Santidade? Nada mais que inquietações e desejos de que a religião encha nosso coração de amor, de paz, de felicidade, de belas expectativas e de alegria de viver.

- E de fé e esperança – acrescentou a Lídia. – Queremos que nos apontem esse Jesus extraordinário, sábio, amoroso, compassivo e misericordioso, que veio trazer vida a esse planeta perdido e depredado.

- Queremos encontrar resposta ao nosso vazio existencial – continuou o Fernando.

Até o silencioso José Joaquim não se conteve:

- Queremos que aconteça o milagre de que nós, não sei como, sintamos prazer de entrar na igreja e dela sair retemperados, leves e felizes.

Nessa altura, o assunto parecia esgotado.

Todos fixaram o olhar no Santo Padre.

Pedro II sorriu simpaticamente:

"Como é bom estar com vocês. Apreciei as colocações. Saber o que pensam os jovens, pelo menos alguns de Santa Maria, e pouco ou nada ligados à pastoral, me faz bem ao coração e me inspira a dar muita atenção à juventude, pois ela é o presente e o futuro da humanidade.

Vejo, na juventude, os alicerces de um mundo novo.

É a coragem e o idealismo dos jovens que poderá mudar a face da terra. Sempre foi a intrepidez da mocidade que carregou a bandeira das grandes causas.

A hierarquia precisa necessariamente da participação dos jovens.

Sim, meus amados e amadas, é a juventude fogosa e idealista que tem a missão de sacudir o torpor da idade emperrada e mudar verdades envelhecidas. Essa simbiose, entre hierarquia e juventude, é muito benfazeja. Não só criticar e se afastar, mas entusiasmar-se com o reino do Cristo, participar, reclamar, oferecer ideias, e principalmente ajudar a conduzir o barco.

Dessa pequena conversa, o Mestre por certo os animará a levarem esses ideais e sonhos aos jovens da sua terra. E esse poderá ser o fósforo que acenderá o anúncio de um grande Congresso Mundial da Juventude, dentro de alguns meses, aqui no Vaticano".

Pedro II abriu os braços e sorriu:

- Posso contar com vocês?

- Pode! – exclamaram todos.

O Pontífice levantou-se, gesto acompanhado de imediato pelo grupo.

Abençoou-os.

O assessor apresentou-lhe uma bandeja. O Papa brindou cada convidado com um chaveiro dourado, vendo-se, de um lado, o rosto de Pedro II e, do outro, a legenda:"Nova Era da Juventude". Assinatura do Pontífice e data.

O sínodo

Quarta-feira. Um chuvisco intermitente tingia de umidade a Praça de São Pedro.

Dezenas de bispos, sacerdotes, teólogas e teólogos leigos, observadores, percorriam os espaços da Praça em direção ao local do encontro.

Novamente a capela Sistina estava preparada para receber os convidados.

Uma música de Bach acalmava o burburinho que acontecia à entrada do recinto.

Os assessores conduziam os participantes aos seus lugares. Segundo as tradições medievais, a primazia dos postos era reservada aos bispos, depois aos sacerdotes convidados e, por fim, aos leigos. Ainda não entrara nas mentes romanas a ideia de que a Igreja é una no seu todo.

De repente, soou o Hino do Papa. A emoção contaminou os participantes. Lágrimas escorriam pelo rosto dos que presenciavam pela primeira vez um evento dessa magnitude na capela Sistina. Lá na parede, atrás do altar, o Jesus de Michelangelo erguia as mãos para abençoar a todos.

Em meio ao hino, surgiu o Pontífice, acompanhado de alguns cardeais. Uma salva de palmas repercutiu mais forte que a música.

Finda a última nota musical de Gounod, o Papa fez o sinal da cruz, orou com os participantes, invocou o Espírito Santo e fez um gesto para sentarem.

"Meus irmãos e irmãs – começou o Papa – sede bem-vindos à nossa casa comum. A casa de todos nós. Não pertence ao Papa. Um dia me colocarão no subsolo, quebrarão meu anel de pescador, e outro ocupará a cátedra de Pedro.

Esse encontro é muito desejado por mim. Anima-me ouvir a voz oportuna e sábia dos que fazem a vanguarda do reino de Cristo. Precisamos vislumbrar as necessidades da Igreja para que cumpra sua missão de levar a humanidade a Jesus.

É importante reconhecermos que a nossa finalidade não é chamar as pessoas à Igreja, mas chamálas à Palavra do Cristo. Ele é o caminho, a verdade e a vida. Nós somos missionários que conduzimos a humanidade a Jesus. Nosso foco é o Nazareno. "Vinde a mim vós todos que vos achais oprimidos e sobrecarregados que eu vos aliviarei". Diante de uma humanidade oprimida pela depressão e sobrecarregada pelo estresse, a palavra de amor, de paz, de alegria e de reino dos céus pode ser a luz de um novo mundo.

Estamos avançando no terceiro milênio e precisamos abrir portas e janelas da nossa grande casa, a Igreja, para que entre uma brisa reconfortante e benfazeja. Sem a aragem do amanhecer, a casa ficará mofada, úmida, envelhecida.

A primeira questão é saber se poderemos reunir mais pessoas para ajudar-nos a criar o reino anunciado pelo Senhor.

Há os que se investem da missão e depois desistem. Por que desistem de um ideal tão grandioso e empolgante? Seria possível receber de volta os que mantêm sua vocação e teriam desejo de se dedicar ao reino de Jesus? Quais seriam os legítimos empecilhos para tal? Jesus os aceitaria ou os rejeitaria?

Segundo ponto: existem ou não dois carismas apostólicos, ou seja, sacerdotes celibatários e não celibatários? O que diz Jesus e o que diz a História da Igreja sobre isso? Poder-se-ia olhar o sacerdócio sobre outra ótica, isto é, se a pessoa apresenta ou não vocação, independente do estado civil?

Terceiro ponto: a liturgia. Muitos nos lembraram que cada país, e até mesmo cada comunidade, tem uma maneira especial de celebrar a eucaristia e de adorar a Deus. O que seria essencial, segundo Jesus, e o que se poderia deixar a critério das comunidades?

Quarto ponto: que pensais sobre as pessoas que buscam um segundo casamento, após o divórcio? A Igreja as rejeita ou deve acolhê-las e abençoá-las para que se fortaleçam no amor e na união? É permitido aceitar que alguém possa enganar-se e tentar de novo? E quanto aos casamentos que se transformaram em violência, ameaças, problemas cruciais de drogas, desinteresse total pela família, para esses há ou não segunda chance?

Quinto ponto: basta ser cristão, ter fé na eucaristia, demonstrar desejo, para receber a comunhão, ou se exigirá confissão auricular?

Sexto ponto: Quando o celebrante concede o perdão comunitário após o ato de contrição, por exemplo no início da missa, esse ato é verdadeiro e legítimo ou apenas decorativo? No caso, pode-se comungar ou não? Jesus tem alguma palavra sobre essa questão?

Por fim, um ponto disciplinar: quando um bispo condena um sacerdote, este pode recorrer da decisão ou cabe ao bispo autoridade absoluta?

Meus amados e amadas, todos vós tendes a palavra livre, sigilosa, pois se trata de consulta apenas, como é do caráter de um sínodo.

O cardeal Abbas dirigirá este sínodo. Estarei ligado o tempo todo aos debates, através de linha televisiva, pois me agrada saber o pensamento de cada representante de sua região. Deus vos abençoe, Jesus vos acompanhe e o Espírito Santo vos ilumine".

Com essas palavras, o Santo Padre retirou-se, acompanhado de alguns cardeais.

Yacob tomou a palavra para suspender por uma hora a reunião plenária, a fim de que os bispos, sacerdotes e teólogos refletissem a temática e a comentassem nos bastidores. Por sinal, o tema já havia sido proposto a cada participante, meses antes.

Do seu gabinete, o Papa percebeu que havia bastante interesse pelo retorno de ex-padres, apenas com a ressalva daqueles marcados por descontroles de pederastia, abuso sexual e homossexualismo irrefreado. Houve, no entanto, alguns opositores entre os bispos, sacerdotes e teólogos, os quais não entendiam conveniente mudar as regras do jogo.

Sobre o celibato, boa parte dos sacerdotes e uma razoável percentagem de teólogos e teólogas consideraram que a escolha dos ministros deveria ocorrer por vocação, independente de estado civil. Até porque, foi dito, na época dos padres casados estes eram tão respeitados quanto os celibatários.

O problema da proibição do casamento aos clérigos, segundo análises feitas, se constituía na pulverização dos bens da Igreja, que eram passados aos filhos herdeiros. Carlos magno (742-814) deu-se conta de que os principados geridos por bispos monarcas voltavam ao Império quando da morte desses prelados, ao passo que os príncipes com família tinham que repartir suas posses com os filhos. O mesmo foi percebido pela Igreja. Esses percalços, mais as acusações de escândalos - teriam levado à adoção gradativa do celibato absoluto eclesiástico, como disciplina a ser observada.

Dom Arnildo Santarém da Silva, especialista em Eclesiologia, teceu considerações históricas sobre a questão:

- Vários apóstolos eram casados e Jesus não os eliminou do grupo e nem os proibiu de compartilharem a vida conjugal. Muitos discípulos eram casados; os primeiros seguidores dos apóstolos eram casados; os primeiros Papas eram casados. A proibição do casamento entre o clero foi um processo lento dentro da Igreja. Alguns Papas, depois do primeiro milênio, mais especificamente os provindos dos monges reclusos – estes tinham vida celibatária e piedosa - foram apertando o cerco contra o casamento do clero, até que Hildebrando, monge que sequer era sacerdote, foi eleito Papa, com o nome de Gregório VII, 1073 – 1085, e, num canetaço, determinou o celibato obrigatório para todos os sacerdotes seculares e religiosos, alegando ser a solução contra a perversão sexual. No

Sínodo Quaresmal, organizado em Roma, em 1075, Gregório destituiu todos os padres casados, porém enfrentou forte resistência na Alemanha, França e Inglaterra. Apesar de tudo, o Primeiro Concílio de Latrão, ocorrido em 1.123, aprovou definitivamente a obrigatoriedade do celibato a todos os membros do clero, nos cânones 3 e 21: "Proibimos absolutamente a sacerdotes, diáconos, subdiáconos e monges, a que vivam em concubinato ou matrimônio. Decretamos, conforme as definições do Direito Canônico que dissolvam os matrimônios contraídos por essas pessoas". Essas regras disciplinares só vigoraram e vigoram na Igreja Ocidental. Resumindo, para deixar a palavra a outros: o que se depreende disso é que as regras disciplinares, que foram criadas, podem ser abolidas ou modificadas. Não se trata de doutrina de fé.

Alguns ponderaram que poderiam ser criadas novas instituições de padres casados. As ordens e congregações religiosas vigentes teriam liberdade de tomarem suas próprias decisões: se abririam as portas para casados ou não.

Dom Johanes Vest, bispo de pensamento mais tradicional, observou:

- Não discuto a validade, mas a oportunidade de tais medidas. Estaria o catolicismo maduro para receber esse impacto? Necessita a Igreja abrir de par em par as portas para padres casados a fim de ampliar os serviços pastorais ou os leigos estão preenchendo os espaços? Fala-se tanto em desclericalizar a Igreja para que os leigos tenha voz e vez e agora se pretende clericalizá-la mais ainda!

- Num exército –interveio a teóloga Ilena – há comandantes, generais, oficiais e soldados e todos estão voltados para a mesma causa. Quanto mais soldados, mais a necessidade de oficiais. Isso para usar uma comparação claudicante.

Houve grupos que sugeriram conceder aos bispos a liberdade de aceitarem ou não ex-padres e padres casados. Acima de tudo, ficou bem claro que o celibato não é determinação de Jesus e nem da Igreja universal, como Igreja, pois somente a Igreja Latina tem esse dispositivo.

Não faltaram participantes que se empenharam em clarificar a mística e a grandeza do celibato e da virgindade, como estados de elevada sublimação espiritual. Para esses, o celibato é a mais bela primícia oferecida a Deus, guindando seres comuns à dignidade angelical.

- O celibato – ressaltou Dom Salvério Ordoni – é o ideal maior de serviço pleno a Deus.

No debate sobre a liturgia, a maioria dos sacerdotes pediu mais flexibilidade, para condicioná-la às maneiras de louvar a Deus de cada povo. Alegaram que há textos bíblicos e evangélicos, em determinadas celebrações, que nada têm a ver com o sentimento ali vivenciado pela comunidade. A liturgia entrava em descompasso com a finalidade do evento religioso.

O bispo José Eraldo Mantua, do Brasil, se manifestou:

- Grandes passos foram dados quando a celebração em latim e alguns ritos foram abolidos. Mas, certas cerimônias de ordenação sacerdotal, semana santa, posse de párocos, são longas demais, resquícios da Idade Média, e não têm mais significado, além de abusarem da paciência dos fiéis.

Quando foi proposto o tema sobre a indissolubilidade do casamento, a bandeira dos ortodoxos era a famosa frase de Jesus: "Não separe o homem o que Deus uniu".

O teólogo Ervin Merulis expôs sua tese:

- A questão é esta: O que Deus uniu e o que Deus não uniu? Notem que Jesus não disse "não separe o homem *a quem* Deus uniu, mas *o que* Deus uniu. A Igreja baseia a indissolubilidade como se Jesus tivesse dito "a quem" Deus uniu, quando, na verdade, ele falou: "*o que*" Deus uniu. Pois bem, o que Deus uniu? Deus uniu o amor, a felicidade, a paz, a boa vontade, a alegria, a paciência, a generosidade, a tolerância, a harmonia. O que Deus não uniu? Não uniu a violência, a mágoa, o ódio, a desagregação, a droga, a ameaça, a esquizofrenia, a perturbação mental perigosa, o abandono da família. Eis o que faz a união e o que faz a separação. Salvo melhor juízo, não há, em Jesus, o ensinamento da indissolubilidade absoluta, mesmo ao preço da desgraça de uma vida e de uma família. Como iria Jesus pregar a compaixão, a misericórdia, o amor, a paz, a justiça, a alegria, e depois determinar o sofrimento, a infelicidade, a desgraça e o inferno, numa casa?

- E tem mais – interferiu intempestivamente a teóloga Ilena Moritz – como poderia Jesus defender a adúltera do apedrejamento, o Mateus dos impostos sonegados, a Madalena da vida; como poderia ele dizer que prostitutas e pecadores entrarão no céu antes que esses homens metidos na carcaça do farisaísmo, e depois condenar duramente homens e mulheres ao martírio de uma união equivocada e mal-sucedida?

Ilena sentou-se, rosto vermelho, pedindo desculpa pela intromissão.

Ervin voltou a falar:

- Agradeço sua participação, ilustre teóloga. Foi oportuna, embora intempestiva. A intolerância da Igreja causa pasmo. Jesus diz que errar é humano e perdoar é divino, mas a Igreja não aceita o erro e não perdoa. Pior do que isso, joga às feras os que foram infelizes no casamento, sequer deixando que se aproximem do Cristo na eucaristia. Não seria isto hipocrisia e farisaísmo? Autoritarismo? Prepotência sobre os mais fracos? E o amor e o perdão onde foram jogados? O Nazareno não disse que o amor perdoa todos os pecados?

As discussões foram se alongando, com argumentos pró e contra. A História da Igreja, a palavra de eminentes teólogos, a tradição eclesiástica, o Antigo Testamento, o Novo Testamento, os problemas práticos, tudo foi sendo arrolado de um lado e de outro.

Do seu gabinete de trabalho, Pedro II prestava atenção ao vasto desfile de argumentos.

Seguiu-se a abordagem do sexto ponto: se, para receber a comunhão, basta ser cristão, ter fé na eucaristia, demonstrar desejo, ou se exigirá confissão auricular. Notou-se, mais uma vez, a voz da tradição em oposição à argumentação daqueles que buscam no evangelho a resposta.

- Não podemos permitir – disse o bispo Johanes Vest, um dos porta-vozes do status quo – que venham à comunhão pessoas em estado de pecado mortal. Seria uma indignidade. É necessário o perdão para que haja condição de ir à mesa da comunhão. Parece-me ponto indiscutível. E, se necessário o perdão, cabe ao ministro de Jesus, o padre, perdoar. Mas, para perdoar, impõe-se saber o que vai perdoar, daí a obrigatoriedade da confissão auricular.

- Pode não ser bem assim – entrou em cena o padre Eriberto Dalalma, professor de Teologia e Moral. – Quem perdoa é Deus. O ministro é um representante de Deus conduzindo a pessoa a Deus para que lhe conceda o perdão. Os pecados contra Deus, pertencem a Deus perdoar; as ofensas dos seres humanos entre si, podem perdoar-se entre si. Essa é a lógica. É o que diz Jesus, no relato de Mateus, 6:14-15: "Porque, se perdoardes aos homens as suas ofensas, também vosso Pai Celestial vos perdoará a vós; se, porém, não perdoardes aos homens, tampouco vosso Pai perdoará vossas ofensas". Já que estamos situados nas relações entre os homens, é bom ler Paulo, em Efésios,4,32: "Antes sede bondosos uns para com os outros, compassivos, perdoando-vos uns aos outros, como também Deus vos perdoou em Cristo".

- Talvez seja um subsídio à colocação do ilustre teólogo – entrou o padre Aniceto De La Giustini – considerar que o fato de uma pessoa comungar em estado de pecado não anula o amor, a boa vontade e o respeito do comungante a Jesus. Com certeza, Jesus não desprezará o pecador, mas se alegrará de estar com ele e iluminar seu coração. O Cristo, quando na terra, não recebeu a todos indistintamente? Não compartilhou a mesa com publicanos e pecadores? Por que agora haveria de repudiar aqueles com os quais simpatizava em vida terrena?

Dom Arnildo Santarém da Silva, especialista em Eclesiologia, ofereceu seus estudos:

- Gostaria de acrescentar mais algumas ideias ao que já foi dito: O salmo 32,5 diz: "Confessei-te o meu pecado e a minha maldade não encobri. Dizia eu: Confessarei ao Senhor as minhas transgressões; e tu perdoaste a maldade do meu pecado". "Confessarei ao Senhor". Ele é o ofendido, a ele me dirijo.

Jesus nunca se referiu à confissão auricular. Aliás, a confissão auricular anual foi determinada no Concílio de Latrão, 1215, durante o reinado de Inocêncio III (1198-1216). E não se trata de doutrina bíblica e sim de ritual. Na primeira carta de João, 2.1, lemos:"Meus filhinhos, estas coisas vos escrevo para que não pequeis; e, se alguém pecar, temos um advogado para com o Pai: Jesus Cristo, o Justo". São Paulo, na primeira a Timóteo, 2,3-6, escreveu:"Porque há um só Deus e um só mediador entre Deus e os homens, Jesus Cristo, o qual se deu a si mesmo em preço de redenção por todos, para servir de testemunho a seu tempo".

A teóloga e psicóloga Justine Alverza aproveitou o silêncio que se seguiu para tecer considerações:

- Peço licença para abordar a outra face da questão, ou seja, o lado psicológico. Perdoar significa demitir o mal radicado na mente. O pecado já foi cometido, agora subsiste sua imagem na mente. O penitente vai ao confessionário dizer o pecado. Uma vez confessado, a pessoa estará perdoada pelo sacerdote. Parece-me que não é assim que funciona no psíquico humano. Ocorre que, se ela mantiver a imagem do mal na mente, se continuar ruminando seu erro, ela não está perdoada, já que o mal persiste no coração. De nada ajudou a confissão. Dizem os entendidos que o subconsciente não distingue entre o mal praticado materialmente e a imagem do mal que permanece na mente, daí que manter o mal na mente é o mesmo que continuar a praticá-lo. O perdão ocorre, na verdade, quando a pessoa deixa de carregar o peso na consciência. Mesmo que, no momento da confissão haja arrependimento, do ponto de vista psicológico se persistir em afligir-se com o mal acontecido, não houve perdão. O que quero dizer é que não é o ritual que perdoa, mas a própria pessoa é que faz o seu perdão. Sem o autoperdão, continuam os estragos na saúde psíquica, física e emocional. Talvez minha intervenção tenha algum significado nessa discussão.

O bispo Clemente de Almanzara tomou a palavra:

- A instituição da confissão tem base nos evangelhos. Basta citar João, 20,23, quando Jesus falou aos discípulos: "Recebei o Espírito Santo: a quem vós perdoardes os pecados ser-lhes-ão perdoados; a quem vós retiverdes, ser-lhes-ão retidos". Nada mais claro. Dispensa comentários.

Dom Clemente ficou apenas na força dessa frase de Jesus e sentou.

O bispo Eliano Gutierres também entrou no assunto:

- Consta que houve evolução no sistema e ritual de confissão ao longo do tempo. Inicialmente, havia o costume apenas de confissão pública para atos e atitudes públicas. A comunidade, a par dos fatos, esperava retratação pública. Isso não me parece confissão, como a entendemos, mas uma maneira de a pessoa dizer que reconhece o erro e é acolhida novamente pela sociedade em geral. Esse hábito desapareceu. Os monges, nos conventos, começaram a usar a confissão comunitária como exercício de humildade e humilhação diante dos irmãos. Ao fim de alguns séculos, a confissão auricular foi penetrando, e, por fim, imposta, na Igreja. Diante da rejeição dos cristãos comuns, o Concílio de Latrão, em 1215, já citado, tornou a confissão obrigatória pelo menos uma vez por ano. Hoje, a bem da verdade, nem isso acontece com boa parte dos cristãos, talvez a maioria.

- Mas, Jesus determinou – interferiu Dom Clemente.

Dom Eliano prosseguiu:

- Não consta, nos evangelhos, que Jesus tivesse procedido a alguma confissão auricular. Ele simplesmente dizia: "Os teus pecados te são perdoados, vai-te em paz!" O texto de João pode ter várias formas de interpretação. Principalmente o perdão comunitário. Exemplo disso é o que se faz no início da missa: após o ato de contrição, o oficiante dá o perdão. Infelizmente, logo a seguir desdiz o perdão pedindo piedade ao Senhor e voltando a insistir no pecado e em renovadas súplicas de perdão ao longo da celebração, gesto que dá a entender falta de seriedade e convicção no que o oficiante está dizendo. Não bastasse isso, ainda a Igreja determina que, até trinta dias após a comunhão, o cristão deve ir ao confessionário ratificar o perdão dos pecados catalogados, não sei por quem e com que autoridade, como mortais.

A teóloga Ilena emendou:

- Seria bom lembrar a sabedoria de Salomão, que disse: "O amor perdoa todos os pecados e transgressões". (Prov 10,12). Significa que a confissão não é o único método de perdão. Por certo, Salomão dava a entender que amor é luz e toda luz, por sua própria natureza, apaga e desfaz as trevas, por mais obscuras que sejam.

Dom Carlos Almeida trouxe mais algumas considerações:

- A palavra perdão tem origem grega e significa cancelar ou remir. Ou, então, demitir. Quem pode cancelar a ofensa? Ora, o ofendido. Pois bem, quando se trata de pecado supõe-se que o ofendido é Deus, então deve-se recorrer a ele para obter seu perdão. Diz o salmo 86,5: "Porque tu, Senhor, és bom, e pronto a perdoar, e abundante em benignidade para com todos os que te invocam". E o salmo 51,1: "Compadece-te de mim, ó Deus, segundo a tua benignidade; apaga as minhas transgressões, segundo a multidão das tuas misericórdias".

Domênico Sarosto, padre teólogo, citou o episódio da cura do paralítico que fora transportado numa maca e descido pelo telhado até onde estava

Jesus:

- Apesar do espanto dos escribas, disse Jesus: "Tem confiança, filho; os teus pecados te são perdoados".

E Domênico comenta:

- É de se notar que Jesus perdoa os pecados do paralítico diretamente, sem exigir-lhe confissão, sem perguntar se estava arrependido e sem querer saber se estava disposto a deixar de pecar daí por diante. Eis aí a maravilha do perdão incondicional.

A polêmica prosseguiu por horas, retaliada de teologias, filosofias, psicologias, exegeses, citações e análises.

Houve até um teólogo que abordou a questão de forma mais ampla, entendendo que a Igreja é rígida demais, jogando, sem querer, complexo de culpa no cristão, desde Adão e Eva. É o chamado pecado original, que teria sido herdado dos primeiros pais.

- Seria bom reconhecer que, antes de filhos de Adão e Eva, somos filhos e filhas de Deus – ressaltou a teóloga Ilena.

E criticou:

- Os sermões, não raro são moralísticos, insinuando culpas e mais culpas e ameaçando os discordantes e omissos com o fogo infernal. Esquecem que Jesus veio falar de amor, perdão e misericórdia, e não de castigos e penitências.

O último tema oficial tinha caráter disciplinar: Quando um bispo condena um sacerdote, este pode recorrer da decisão ou cabe ao bispo autoridade absoluta?

Como sempre, os bispos com vezo autoritário entendiam que, uma vez investido do cargo, o bispo torna-se delegado do Papa, que, por sua vez, é delegado de Deus, portanto sua palavra é definitiva e só cabe aos subordinados obediência.

Dom Heliodoro de Vivre reforçou essa tese bradando:

- É melhor errar com o bispo do que acertar sem ele.

E o bispo Hildebrando Jutzen acrescentou:

- A voz da autoridade é a voz de Deus.

Vários sacerdotes se insurgiram contra essas teorias, alguns citando o próprio Jesus, que disse:

"Quem quer ser o primeiro, seja o último". "Não vim para ser servido e sim para servir". "Misericórdia é o que quero".

O teólogo Jeremias Altulfo defendeu a visão de que o princípio fundamental das relações entre bispos e sacerdotes, inclusive com os fiéis, é o diálogo amoroso e tolerante e não a prepotência e a truculência, que nada têm a ver com a Palavra de Jesus.

E sorriu dizendo que apanham-se mais moscas com uma gota de mel do que com um barril de vinagre.

O padre Honório da Silva abordou um aspecto que passara despercebido da assembleia:

- Tenho observado que há bispos, cardeais, núncios, que têm medo de errar e por esse motivo preferem exagerar nas regras e leis e proibições. Para salvar-se de recriminações superiores e perda de prestígio, não titubeiam em apertar as rédeas e deitar ordens até mesmo injustas e cruéis sobre seus coadjuvantes, sacerdotes e leigos, como se fossem escravos ou burros de carga. Religião não é isso. É amor, bondade, compaixão, solidariedade, compreensão, tolerância e simplicidade.

Ao final dos longos debates, muito proveitosos, o Papa fez a celebração final, agradecendo a participação, elogiando os assuntos levantados, que lhe trouxeram bons subsídios para ampliar sua visão de Igreja.

O complô em ebulição

Oviedo e o Defensor, ao saberem que Pedro II estava redigindo uma encíclica, com nova visão da ação pastoral, fortalecendo o princípio de Jesus de que o amor é tudo, portanto esse deve ser o sentimento religioso, e assim deve o magistério da Igreja conviver com os cristãos e com toda a humanidade, intensificaram os conluios, buscando uma maneira de fazer essa dinastia desastrada calar para sempre.

Oviedo estava furioso:

- Estamos vendo a derrocada da Igreja. A continuar assim, serão arrancadas as insígnias cardinalícias, os bispos perderão o crédito, as bases subirão à cúpula de São Pedro e a hierarquia morrerá afogada.

- É verdade! – sublinhou o Defensor. - Essa confusão abrirá as portas da decadência católica.

- Esse Antipapa, pelo jeito, quer destruir a Igreja – bradou Oviedo.

O Defensor conjecturou:

- Estou vendo que a profecia de São Malaquias sobre o último Papa, o Petrus Romanus, está acontecendo. Só que este não é o romano, mas da terra do outro Pedro. Embora o outro Pedro também tenha se tornado romano como esse que aí está.

- Sim – bradou Oviedo – esse é o Pedro Romano, porque mora em Roma, manda na Igreja desde Roma e é bispo de Roma. Petrus Romanus.

- Não podemos ficar de braços cruzados, esperando o fim – resmungou o Defensor.

- Temos o apoio secreto de alguns próceres iluminati – revelou Oviedo.

Envenenamento

Numa tarde de dezembro, o Pontífice entrou no seu gabinete de trabalho para alinhar algumas ideias referentes ao Natal. Seu coração inundava-se de sentimentos de paz. Sua alma sobrevoava o planeta derramando luzes de amor e ternura sobre a humanidade. Era o êxtase da manjedoura que levava seu cérebro a liberar borbotões de endorfina no corpo e colher sensações de prazer e felicidade.

Ao sentar-se, encontrou um envelope fechado sobre a mesa. Abriu-o e devorou o texto, enquanto seu rosto empalidecia.

Algum purpurado anônimo o alertava sobre um próximo atentado à sua vida. Havia forças ocultas que prometiam destruí-lo antes que destruísse a Igreja.

Pedro II permaneceu imóvel, olhando o céu chuvoso pela janela e procurando ordenar a confusão dos pensamentos que borbulhavam na mente.

Por fim, lembrou-se daquela afirmação do Mestre, na Via Áppia:

- As portas do inferno não prevalecerão.

Naquela noite, a Irmã Inocência, assistente que lhe levava o chazinho tradicional antes de deitar, não apareceu.

Na manhã seguinte, o Cardeal Secretário correu a informar o Papa de que a Irmã Inocência estava morta, caída no chão, com a xícara de chá em pedaços.

Pedro II pediu para examinarem o chá e ficou constatado que continha veneno. Inocência morrera envenenada, ao provar o líquido que seria servido ao Papa.

Apesar de a Cúria obrigar ao silêncio sobre o incidente, o fato se espalhou através de funcionários e autoridades do Vaticano.

Pedro celebrou missa de corpo presente, agradeceu emocionado os serviços prestados com tanta humildade e dedicação, e pediu que o Pai Celestial lhe desse lugar especial na morada que preparara para suas filhas e filhos mais queridos.

À noite, o Papa dirigiu-se ao belo painel que representava a tempestade no Mar da Galileia e conversou com Jesus:

- Obrigado porque me defendeste. Estás cumprindo o prometido de me proteger. Só que poderias defender também a vítima. Pobre da Irmã Inocência! Foi a vítima errada.

Pedro colocou a mão no queixo, olhou para o alto durante algum tempo e, então, prosseguiu:

- Meu bom Jesus, meu amigo, meu conterrâneo, tu me trouxeste para cá por duas vezes. Está na hora de fechar as portas do inferno e da maldade.

Estou tentando construir o mundo de amor que desejaste para o nosso planeta. Creio que não é preciso haver vítimas para que isso aconteça. Afinal, acredito que o amor produz amor. Então, meu bom amigo, afasta a tempestade do ódio, acalma os ventos da maldade, principalmente dos que estão mais perto de ti e que deveriam dar exemplo de amor. Sim, é verdade que tu também sofreste a traição de alguém tão próximo de ti, mas não é necessário que cenas desse tipo voltem a acontecer. Não queres, por certo, que o sacrifício da cruz tenha sido em vão. Ajuda-me, amado Rabi! Está bem, estou ouvindo tua voz a me dizer: "Por que temes, homem de pouca fé?" Quero confiar em ti. Sempre.

Pedro permaneceu ainda por tempo sem fim em diálogo afetuoso com Jesus. Depois saiu a caminhar pelo corredor do seu andar, de rosário na mão.

No dia seguinte, reuniu a Cúria e fez uma preleção buscando incentivar o ideal maior ensinado por Jesus: o amor.

No submundo da insanidade, os encontros secretos transcorriam ferozes, carregados de frustração e novas ameaças.

A Ordem Secreta de Defesa da Fé e Costumes permanecia cada vez mais coesa e endurecida nos seus desígnios.

Oviedo sentia-se decepcionado pelo fracasso do atentado.

- Há que tomar atitudes mais drásticas – sentenciou ele.

- E não podemos perder tempo – investiu um dos anônimos membros da Ordem. - É fundamental que tudo aconteça antes de ser publicada a fatídica encíclica desse Pedro de triste memória.

- Temos que fechar as portas do inferno, mesmo que seja necessário desovar uma bomba.

- Não cheguemos a tanto – observou alguém.

- Não?! – irritou-se um dos corifeus da Ordem. – Não é preferível um pequeno estrago do que um terremoto universal?!

- Terremoto?! – exclamou o Defensor, um tanto confuso.

O corifeu agitou-se:

- Sim, Excelência, estamos às vésperas de um tsunami na Igreja. Será que vamos assistir omissamente a nossa própria destruição? Quem recolherá as pedras para reconstruir a Igreja?

Oviedo vociferou:

- É agora ou nunca!

A conjuração, feita na calada da noite, terminou de madrugada, com os ânimos acirrados, todos decididos a uma atitude urgente e definitiva, para pôr fim ao descalabro do Galileu.

Cinco dias depois, o Pontífice recebia mais um

recado cifrado, secreto, que dava conta de que uma nova tentativa malfadada estava sendo armada.

Pedro se dirigiu ao túmulo do seu antecessor. Precisava conversar com ele. Tinha que ouvir algum conselho.

Os dias de Pedro II

Aproveitando as vantagens da tecnologia avançada, Pedro II mandou instalar no seu gabinete, e na sala do Secretário de Estado, câmeras de visualização dos principais setores de trabalho da Cúria. Desejava que tudo transcorresse em harmonia e que houvesse interação entre chefes e subordinados.

Uma vez por mês, concedia audiência particular aos cardeais desejosos de contato com o Pontífice; outro dia era reservado aos bispos; também havia o dia dos sacerdotes e o dia dos funcionários e leigos em geral.

Reservou, ainda, dias especiais para atender cardeais, bispos e sacerdotes do mundo, bastando, para tanto, acertar data.

Tragédia final

- Estamos entrando no espaço aéreo da Itália. Tudo transcorrendo como Deus quer.

- São 23,50 h. À meia-noite, a salvação da Igreja será celebrada, com pompa e circunstância.

- E quem será o próximo? – pensou em voz alta o Defensor, certo de que estava na lista. Afinal, não iria expor sua carreira por nada.

- Vossa Eminência. Tudo está encaminhado devidamente. Onde não falar a convicção, falará dinheiro grande – acentuou Oviedo. – A Ordem de Defesa da Fé e Costumes está abrindo o caminho.

- A poderosa ODFC?

- Exatamente.

Neste preciso momento, uma aeronave da Força Aérea Italiana aproximou-se arriscadamente, em ousada manobra, e o comandante fez-se ouvir com determinação:

- Atenção, aqui é da Força Aérea Italiana. Essa aeronave está sobrevoando, sem autorização, o espaço italiano. Retornem imediatamente.

- Estamos em Missão Secreta – respondeu a aeronave invasora.

- Que missão?

- É Segredo de Estado – foi a resposta seca.

- Que Estado?

- Pontifício.

- Qual é o destino?

- Segredo Pontifício. Não podemos revelar.

- Quem são os senhores?

O retorno foi nervoso:

- Altas Autoridades. Não lhe compete dar ordens a nós, muito menos barrar o voo.

A Força Aérea Italiana insistiu:

- Que autoridades e de onde?

- Missão Secreta. Pare de fazer perguntas e retire-se.

- O que transporta essa Missão Secreta?

- BS - declarou alguém.

- O que é BS?

Silêncio.

- O que pretendem? – voltou a exigir explicação a Força Aérea.

- Salvar a humanidade – foi o grito de resposta.

- Como?!

- Salvar a Igreja.

O comandante foi ríspido e definitivo:

- Retrocedam imediatamente, caso contrário tenho ordem de abater o avião.

- Não pode – repreenderam da outra aeronave. – O destino está na Itália, mas não é a Itália. E chega de conversa.

- O Vaticano?!

- É segredo.

- E BS, o que é?

- Bomba Santa – veio a revelação.

- O que?! – berrou o comando italiano. – Querem explodir o Vaticano?! Estão loucos?! Suspendam essa insanidade ou mandaremos pros quintos dos infernos esse avião.

Os agentes do voo secreto não se contiveram:

- O Lobo com pele de ovelha deve morrer.

- O Papa?! Que estupidez! Desistam. Missão impossível. Não conseguirão atingi-lo. Retornem agora mesmo ou abateremos o avião.

- Não é missão impossível, seu idiota. Nosso sistema de GPS Ultrageração já o vê nesse instante. Estamos chegando. Lá está o alvo. Estamos preparados. Ninguém nos impedirá. Deus está conosco.

As palavras corriam rápidas e avassaladoras.

O comandante, diante da tragédia iminente,

gritou, pela última vez:

- Três segundos para reverterem o voo ou serão abatidos. Um... dois...três.

Violenta e estrondosa explosão, a seis mil metros de altura, transformou-se numa horrível e imensa bola de fogo, que foi jorrando fagulhas pelos céus de Roma. Focos de incêndio, em instantes, irromperam em alguns pontos da Capital.

O Vaticano apenas fora atingido por restos carbonizados de seres humanos e fuselagem, espalhados lugubremente pela Praça de São Pedro. Pedaços queimados de púrpura vermelha ainda esvoaçavam sobre o obelisco da Praça. Algumas chamas mais fortes, queimando destroços do avião, caíram sobre a colunata de Bernini.

Pedro II tinha sido avisado, em comunicado secreto, sobre o atentado. Apenas não sabia quando e nem como seria deflagrado.

No momento, orava diante do quadro de Jesus acalmando a tempestade do Mar da Galileia, pintura que sempre lhe tocava o coração e trazia memoráveis recordações da sua terra natal.

Ao ouvir o estrondo que abalou o Vaticano e Roma, foi à janela e contemplou horrorizado o cenário dantesco da Praça.

O Presidente da Itália, o Primeiro Ministro e o Ministro da Defesa chegaram, em alta velocidade, ao

Vaticano, para audiência confidencial urgente com o Sumo Pontífice.

Relataram que souberam do atentado alguns minutos atrás e acompanharam a conversa agitada entre as duas aeronaves. A informação lhes viera do cardeal Roschilder.

Nesse momento, Roschilder entrava porta a dentro, sem se fazer anunciar, e explicou que não tinha nenhum envolvimento no atentado, que lhe significava rematada loucura.

- Tomei conhecimento – revelou, muito aflito – quando o avião se aproximava da fronteira italiana.

- Como Vossa Eminência tomou conhecimento? – inquiriu o Presidente.

- É sabido que mantenho oposição às ideias do Sumo Pontífice, então alguém da Ordem Secreta de Defesa da Fé e Costumes me passou a notícia, por certo supondo que compartilharia dessa atitude hedionda. Comuniquei de imediato o Governo Italiano e o Ministro da Defesa. Felizmente, evitamos tragédia maior.

***

Já de madrugada, a notícia voava pelos quatro cantos da Terra. Estarrecidos, os veículos de Comunicação estamparam grandes manchetes e fotos de restos do atentado.

As especulações sobre as causas não tinham

fim. Uns profetizavam o fim do papado, não faltando os que trouxeram à baila a profecia de São Malaquias: *"Na derradeira perseguição da Santa Igreja Romana, estará sentado, (no sólio de Pedro), Pedro Romano, que apascentará suas ovelhas em meio a múltiplas tribulações, as quais transcorridas e a cidade das sete colinas destruída, o Juiz poderoso julgará o povo e será o fim da vida como conhecemos hoje"*.

Outros jornais focavam as chagas da Igreja. Havia os que intuíam que alguma corrente poderosa no seio da Igreja pretendia tomar de assalto a Cadeira de Pedro. Alguns veículos sensacionalistas criaram a versão de que cristãos fanáticos, incrustados em sociedades secretas, foram os autores do atentado.

***

Às três horas da tarde, hora histórica da agonia e morte de Jesus, a igreja de São Pedro e a Praça estavam superlotadas de gente, na missa celebrada pelo Papa Pedro II.

Estava estampada no rosto aflito da multidão a ânsia de ouvir a palavra do Pontífice. Que iria ele dizer? Como iria transmitir o fato doloroso e lamentável à sua amada Igreja?

Sem tirar a importância da celebração eucarística, o mundo queria, acima de tudo, saber como Pedro II encararia o fato.

Lido o evangelho, em que Jesus dizia: "Pai,

perdoai-lhes porque não sabem o que fazem", o Pontífice aproximou-se do microfone e, de pé, sem papel nenhum, falou com voz um tanto emocionada:

"Amados irmãos e irmãs. Somos Igreja santa e pecadora. Mais uma vez essa verdade salta aos olhos do mundo.

Enquanto uma minúscula parte doente da Igreja é dominada pela insensatez, outra parte sublima-se, doando sua vida em gestos amorosos de solidariedade e compaixão, habitando lugares ermos, difíceis e sacrificados, para arrancar crianças do lixo das ruas, das garras da violência e da dor do abandono.

Enquanto, possivelmente, membros cultos e importantes da hierarquia descambam em atitudes indignas e insanas, multidões de discípulos e discípulas de Jesus vivem as mais belas dimensões do amor ao próximo e do respeito às diferenças.

Enquanto uns buscam, a qualquer preço, a escalada das dignidades e insígnias eclesiásticas, há os que se entregam ao labor humilde e singelo da fraternidade universal e do serviço aos necessitados.

Que diremos, meus irmãos?

Que direi eu nesse momento de luto espiritual e moral?

Como emissário do Cristo, o último dentre vós, procurei dar voz a todos indistintamente, respeitando as variadas correntes de ideologias cristãs. Tem sido meu sonho tornar mais universal a cátedra de Pedro e juntos podermos encontrar a verdade de Jesus e entregá-la respeitosamente à humanidade de hoje.

Centrei meu pontificado na essência da palavra do Cristo: o amor. Ele quis fundar o reino do amor e da paz. Tudo o mais, dizia ele, são acréscimos.

A Igreja não é uma organização independente e autônoma em si mesma. É uma reunião idealista de apóstolos e apóstolas que desejam levar a humanidade a Jesus. Mais do que isso, a Igreja são todos os seres humanos. O reino de Jesus é a humanidade. Sim, é a humanidade, porque o reino do Nazareno é o amor, e o amor é a essência da criatura humana.

Jesus e sua palavra são o princípio e o fim. É fundamental que ele cresça e a Igreja diminua – como diria João Batista.

Temos assistido, ao longo desses dois milênios, pessoas que deram a vida pelo Cristo; pessoas que deram a vida pela Igreja; e pessoas que deram a vida por si mesmas, na ânsia do autoengrandecimento e da autoglorificação.

O que aconteceu, nessa noite de triste memória, não pertence a nós julgar. O julgamento compete a Deus. A nós, seres limitados e finitos, pertence amar, perdoar, aprender, e orar para que a misericórdia do Pai acolha com bom ânimo aqueles que perderam a vida na tragédia.

No momento em que a malsinada bomba explodia nos céus de Roma, sobre a colina do Vaticano, eu conversava com Jesus. Ele estava acalmando a tempestade que ameaçava naufragar o barco. O meu brado era o clamor dos discípulos: "Acorda e salva-nos, Senhor, que perecemos todos!"

Ele voltou-se para mim e disse: "Por que temes, homem de pouca fé? Não te avisei que as tempestades nunca afundarão o barco? Não te garanti que as portas do inferno jamais prevalecerão? Não te disse que estarei contigo sempre, como prometi?"

Naquele momento, meu coração acalmou, a paz tornou-se milagre em mim, levantei e beijei o rosto do amado Rabi.

Então, saí para ver a realidade.

A explosão da bomba é o apocalipse do mal e da intolerância e o início da Era do Amor.

A nós, anima-nos a convicção de que este é o último capítulo de uma era conturbada, desumana, radical e violenta.

Esta noite foi o fim e o princípio.

Esta foi a noite do fim das trevas, que antecedem ao amanhecer de um novo dia.

Esta noite destruiu a tese de que os fins justificam os meios.

Este é o dia da compreensão de que só o amor justifica o amor.

Amém".

Nova primavera

Depois da tempestade, sempre surgem os mais lindos dias de sol. Nos céus do Vaticano, raiou uma exuberante primavera cristã, sob o signo abençoado da Era do Amor.

Uma imensa onda suave de luz inundou o planeta e a nova humanidade, emergida dos estertores de um mundo envelhecido, pôde abrir os portais do terceiro estágio da evolução.

A suprema energia do amor fundiu o Um no Uno, o Infinito no finito, e essa frágil mas generosa casa planetária passou a tornar-se o paraíso da família humana.

Último Papa

A quem é dado saber sobre o último Papa? Michel de Nostradamus? São Malaquias? Os profetas e sibilas do teto da Capela Sistina? Terá alguém herdado do Espírito Santo o dom das profecias? Jesus, o sábio, o vidente, o profeta, o conhecedor do céu e da terra, o Cristo, garantiu: "Não sabeis o dia nem a hora".

Desde o momento em que se soubesse quem seria o último Papa, a Igreja entraria em compasso de espera e desmobilização: Por que se empenhar por algo fadado ao término? Que interessariam as demais estações se já se conhecesse a última?

Não disse o maior profeta do mundo, Jesus Cristo, que estaria com a Igreja até o final dos séculos?

Passará o tempo, mudarão os hábitos, brilharão outras verdades, evoluirá o ser humano, avançará a ciência – e a mensagem de Jesus estará sempre em condições atualizadas para iluminar o coração humano e semear felicidade na face da Terra.

Sim, estará em condições de se fazer ouvir, mas é preciso que os mestres encontrem a atualização subjacente na mensagem perene do Cristo. Cada instante da história humana exige uma linguagem condizente.

Ao Papa e à Igreja, assim como aos teólogos, filósofos, psicólogos, e todas as denominações espirituais do mundo, pertence fazerem a leitura correta dos tempos.

Nada mais sofrido do que pretender empurrar o mundo para Deus, permanecendo apenas sentado na sacada do terceiro milênio.

Histórias infantis não cabem na cabeça desse milênio, erguido sobre as colunas da ciência e da tecnologia. Falar em velocidade do cavalo para um foguete espacial não teria sentido.

Sim, o Papa continuará. Continuará enquanto sua luz brilhar no mundo. E Jesus prometeu que sua luz jamais se extinguirá.

O grande e fantástico desafio será fazer coincidir a palavra de Jesus com os anseios das épocas que vão se sucedendo.

Se, algum dia, o Vaticano apagasse a Luz, nem por isso o Cristo deixará de dizer "Eu sou a Luz do mundo".

Ele seguirá anunciando para os que quiserem ouvir: "Eu sou o caminho, a verdade e a vida".

O imenso peso da responsabilidade do Representante de Cristo na Terra é estar atento, auscultar e sentir o soprar dos ventos.

Pedro II intuiu a hora de mudar, o momento de apressar o passo para chegar à frente, mesmo enfrentando tempestades. Já era sabido que o conflito viria, pois toda mudança desestabiliza e ninguém gosta de sair da zona de conforto. Mas, nada mais fascinante do que o salto.

O Papa de Betsaida sabia que o homem tem duas palavras gravadas a fogo no coração, das quais não consegue desvincular-se jamais: Deus e felicidade. Todos os espiritualistas, vivam como viverem, acreditem no que acreditarem, ensinem o que ensinarem, sempre terão em mente Deus e felicidade.

Nunca um Pontífice terá razões para deixar de ligar a palavra Deus às palavras Pai, Amor, Fé e Fraternidade. E não sintonizará com a verdade se não vincular a felicidade da outra vida com a felicidade nesta vida. Tudo simples e claro. Basta ler Jesus com os olhos abertos. Sim, porque o Nazareno já chamava a atenção, quando alertava: "Tendo olhos, não vêem; tendo ouvidos, não ouvem".

***

Quem é Pedro II?

Talvez, o Papa que vive no imaginário de muitos cristãos.

Enfim, quem será o último Papa?

O futuro pertence a Deus.

Fim

Índice

Os segredos do conclave / 5

O desconhecido Galileu / 11

A profecia de Malaquias / 17

O Galileu titubeia / 22

Aceito! Sou Pedro II / 24

Ceia com os cardeais / 30

Controvertidos debates entre os cardeais / 35

Oposição ferrenha / 53

Posse como bispo de Roma / 53

Ex-namorada / 57

Os radicais / 60

O padre excomungado / 62

O Vaticano / 66

Bispo quebra as regras e é condenado / 72

Roschilder enfrenta o Papa / 80

Mundo cristão se agita / 85

O complô / 88

Betsaida / 89

O sofrimento / 93

A fuga / 97

Encontro de religiões / 101

Conjuração / 106

Visita privada / 111

Férias e neves / 112

Lucíola / 115

Um olhar para os países / 122

Na Taverna Dei Bachi / 131

Virulenta contestação / 136

Atentado / 137

Com São Pedro / 140

Conversas de Castel Gandolfo / 143

Lucíola em Castel Gandolfo / 150

Oviedo e Defensor comentam atentado / 154

Sociedade de Valorização da Mulher Católica reivindica posições na Igreja / 155

O amor / 159

Jovens de Santa Maria / 167

O sínodo / 182

O complô em ebulição / 200

Envenenamento / 202

Os dias de Pedro II / 206

Os dias de Pedro II / 206

A tragédia final / 207

Nova primavera / 216

Último Papa / 216